T0273048

En busca de paz

En busca de paz

Apuntes y conversaciones en el camino

Johann Christoph Arnold
Traducción de Juan Segarra Palmer

Editorial: Plough Publishing House

Publicado por Plough Publishing House
Walden, Nueva York
Robertsbridge, Inglaterra
Elsmore, Australia
www.plough.com

Título del original: *Seeking Peace*
©1998 por Plough Publishing House
Traducido del inglés por Juan Segarra Palmer
©2000 por Plough Publishing House
Todos los derechos reservados.

10-DIGIT ISBN: 0-87486-907-2
13-DIGIT ISBN: 978-0-87486-907-1

Library of Congress Cataloging-in-Publication Data

Arnold, Johann Christoph, 1940-
  [Seeking peace. Spanish]
  En busca de paz : apuntes y conversaciones en el camino / Johann
Christoph Arnold; traducción de Juan Segarra Palmer.
    p. cm.
  ISBN 0-87486-907-2
  1. Peace of mind—Religious aspects. 2. Peace—Religious aspects. 3. Spiritual life.
I. Title.
  BL627.55 .A7618 2001
  291.1'7873—dc21

                    00-011824
                    Rev.

Índice

V – La vida abundante   191

Agradecimientos

A todos los que contribuyeron a este libro doy mis sinceras gracias, entre ellos en primer lugar al equipo de traductores—nuestros buenos amigos, el señor Juan Segarra Palmer y el doctor Manuel Soto Viera. Su valiosísima labor ha hecho posible la presente edición en español de *En busca de paz*.

La lista de los numerosos amigos y colaboradores cuyas vivencias representan un aspecto esencial del mensaje de *En busca de paz* sería demasiado extensa para nombrarlos a todos. A cada uno de ellos va mi sincera gratitud, ya que sin su participación este libro no hubiera podido escribirse. Me permito, sin embargo, nombrar al señor obispo Samuel Ruiz García por habernos honrado con sus reflexiones para introducir este pequeño tomo. A él, intrépido defensor de paz y justicia, va mi profundo agradecimiento.

Huelga decir que, como tantas veces ya, mi esposa, Verena, ha sido mi más fiel colaboradora en este proyecto.

Prólogo

Obispo Samuel Ruiz García

Que todo cristiano tiene como vocación trabajar por construir la paz, es algo que por nuestra fe conocemos. Ése fue el mensaje angelical al nacimiento de Jesús: "Paz en la tierra a los hombres del beneplácito divino".

Que la construcción de la paz abarca todos los aspectos de la vida humana; que tiene que ver con la instauración de la justicia y la construcción de un orden social nuevo; que debe procurarse que las acciones personales se entrelacen con los esfuerzos comunes para generar procesos de cambio—es algo que surge como convicción de la lectura de estos testimonios, llamados modestamente "apuntes y conversaciones", de *En busca de paz*.

En realidad, lo que estos "apuntes y conversaciones" sobre el camino hacia la paz contienen es el testimonio de vida del autor y de otras muchas personas que descubren, en un proceso de búsqueda, el profundo sentido del llamado universal de Jesús que seamos anunciadores y constructores de la paz.

El proceso interior, que es suscitado por la Palabra de Dios ligada a una luz de su Espíritu que se refleja en los acontecimientos, garantiza la percepción de que no son ni el inmovilismo, ni el activismo, ni el individualismo, senderos que den como fruto inmediato la paz.

La lectura de estos apuntes (que difícilmente podrán ser dejados de lado, pues nos llenan con la desazón de terminarlos) nos hace comprender que, aunque los cristianos tengamos fuertes motivaciones para anunciar y recorrer los caminos para construir la paz, no somos los únicos invitados para llevarla a cabo, porque es tarea universal.

Estamos convocados para ello todos, cualquiera que sea nuestra procedencia étnica o religiosa.

Finalmente, cada uno descubrirá el lugar privilegiado que "los excluídos", los marginados, los "pobres de Yahve", tienen en estos planes divinos – "porque de ellos es el Reino de los Cielos". Nos toca pedirles a quienes son irrelevantes y despreciados en la sociedad, que nos permitan acompañarlos para ser "pacificadores": anunciadores y constructores de la paz.

Querétaro, Qro., México
Agosto de 2000

I

Buscando la paz

En tiempos malos
lo que nos queda es la esperanza.

Refrán irlandés

Buscando la paz

Vivimos en un mundo sin paz. Se habla constantemente de paz, pero la hay muy poca. Tan poca que cuando hablé con un amigo íntimo sobre este libro, él insinuó que escribir sobre ese tema era no sólo ingenuo sino hasta un tanto perverso.

Nadie negará que la violencia afecta la vida pública en el globo entero, desde lugares candentes como Chiapas, Irlanda del Norte, Timor Oriental, Iraq e Israel/Palestina hasta las calles de nuestras decrépitas ciudades americanas. También en la vida personal, aun en las zonas residenciales más tranquilas, la falta de paz está a la orden del día: en la violencia doméstica, en las adicciones dañinas y en las destructivas tensiones que fragmentan nuestras empresas, escuelas e iglesias.

La violencia se esconde detrás de las fachadas más respetables en nuestra sociedad. Se encuentra en las turbinas de la avaricia y del engaño, de la injusticia racial y económica que impelen a nuestras instituciones financieras y culturales. Se encuentra en la infidelidad que puede corroer hasta al mejor de los matrimonios "cristianos". Se encuentra en la hipocresía que insensibiliza la vida espiritual y le roba credibilidad a las más devotas expresiones de la religión.

Desde el punto de vista puramente humano, puede parecer de mal gusto escribir un libro sobre la paz. Sin embargo, la ausencia de paz clama al cielo. La paz es uno de los anhelos más profundos del corazón. Llámesele como se quiera: armonía, serenidad, integridad, mente sana – la paz es un deseo de cada ser humano. A nadie le gusta tener problemas, dolores de cabeza, angustias. Todo el mundo quiere paz – estar libre de ansiedades y dudas, de violencia y de división. Todos queremos estabilidad y seguridad.

Hay personas y organizaciones, como por ejemplo el Movimiento Internacional de Reconciliación, que concentran su trabajo en la paz mundial. Su meta es lograr la cooperación política en el plano internacional. Otros grupos, como *Greenpeace* (Partido Verde), tratan de promover la armonía entre los seres humanos y otros seres vivientes, y aumentar la conciencia de nuestra interrelación con el medio ambiente.

Hay quienes modifican su manera de vivir para buscar la paz: cambian de carrera, se mudan de la ciudad a las afueras (o de las afueras al campo), reducen sus gastos, simplifican de alguna manera sus vidas. Por otra parte, un joven de mi comunidad regresó del extranjero hace poco, tras derrochar dinero y darse a una vida promiscua. Ahora dice que solamente anhela "poder despertarme por la mañana y estar en paz conmigo mismo y con Dios". Otros parecen sentirse satisfechos con las vidas que llevan; complacidos, dirán que no andan en búsqueda de nada. Sospecho, sin embargo, que, en su fuero interno, ni siquiera estas personas viven en perfecta paz. Mientras trabajaba en este libro, me topé con un anuncio que mostraba la fotografía de una mujer en un muelle. Reclinada en una silla de patio, la mujer contemplaba un pintoresco lago al atardecer. El anuncio dice: "Empleo maravilloso. Hijos hermosos. Matrimonio perfecto. Y la persistente sensación de un vacío absoluto". ¿Cuántos millones comparten su inexpresado temor?

Todos buscamos, de alguna manera, la vida que el Creador quiso para nosotros: una vida en la que reine armonía, alegría, justicia, paz. Cada uno de nosotros ha soñado con una vida donde no exista dolor ni tristeza, una vida que fuese el Edén perdido por el cual, como dice la Biblia, gime la creación entera.

Tan antiguo como universal es este anhelo. Hace miles de años, el profeta hebreo Isaías soñó con un reino pacífico donde el león moraría con la oveja. Y, a través de los siglos, por oscuro que fuese el horizonte o sangriento el campo de batalla, hombres y mujeres han encontrado esperanza en esa visión.

El activista antiguerra Philip Berrigan fue enjuiciado y condenado por cometer actos de desobediencia civil en un astillero de Maine. Mucha gente repudió sus actos. El propio Phil reconoció que, desde muchos puntos de vista, tales actos "constituían un teatro del absurdo". Pero añadió que, antes que morir "en una playa", preferiría pasar el resto de su vida en prisión por sus convicciones. ¿Cuántos de nosotros podemos decir lo mismo? A los casi ochenta años, Phil continúa infatigable en su campaña contra la industria de armamentos nucleares, y lo hace con un vigor tal que casi nos hace olvidar la edad que tiene.

Al Bruderhof, mi propia comunidad, se le ha acusado a menudo de haber perdido contacto con la realidad. Sí, es cierto, hemos abandonado el camino a la felicidad tipo clase media—la casa propia, la carrera lucrativa, la cuenta bancaria, y el plan de ahorros destinado a asegurar una educación universitaria para los hijos y una jubilación acomodada—para tratar de vivir en comunidad a la manera de los primeros cristianos. Nos esforzamos por vivir una vida de sacrificio, de disciplina y de servicio mutuo; es una vida en paz, pero no paz como la da el mundo.

¿Qué es la paz? Y ¿cuál es la realidad? ¿Para qué vivimos? ¿Qué queremos dejarles a nuestros hijos y nietos? Aun cuando seamos felices, ¿qué quedará después del matrimonio y de los hijos, del automóvil y del empleo? La "realidad" de un mundo armado hasta los dientes, lleno de odio de clase y de rencores familiares, de antipatías y chismes, de ambición egoísta y de desdén, ¿será ésa la "realidad" que dejamos como legado? ¿O existe más bien una realidad mayor desde la cual el poder del Príncipe de la paz lo vence todo?

En las páginas que siguen, me he cuidado de aducir ingeniosas y elegantes tesis o argumentos en apoyo de la búsqueda que propongo. En cualquier librería se consiguen manuales espirituales que nos enseñan cómo conducirnos. Pero he aprendido por experiencia que la vida nunca se presenta tan ordenada. Es, al contrario, a menudo muy desordenada. De todos modos, cada lector se encontrará en una etapa diferente de la búsqueda. Por otra parte, este ensayo no trata de analizar la raíz de la ausencia de paz. Abordar tal tema permitiría llenar todo un libro, pero sería desalentador. Mi propósito, sencillamente, es señalar estriberones que hagan más seguro el camino y ofrecer un poco de esperanza para que mis lectores sigan buscando la paz.

II

Significados

Sólo cuando hayas logrado la paz en tu fuero interno, podrás hacer la paz en el mundo.

Rabí Simcha Bunim

Significados

El lenguaje de la paz inunda nuestra cultura: impreso en las tarjetas de Navidad, inscrito en los marcapáginas, grabado en los carteles, bordado en las toallas—lo vemos por doquier. Y también lo oímos: tan trilladas son frases como "paz y buena voluntad" que han sido reducidas a expresiones triviales, a lugares comunes. En la correspondencia, muchos terminamos nuestras cartas personales con "Paz". A otro nivel, los gobiernos y los medios de comunicación hablan de "fuerzas pacificadoras" armadas hasta los dientes, y destacados en zonas desgarradas por la guerra. En las iglesias, ministros y sacerdotes concluyen los servicios con un "Vayan en paz", que aunque sea una bendición, a menudo suena más bien como una despedida—hasta el próximo domingo.

Muhammad Salem Agwa, destacado imán (maestro islámico) de la ciudad de Nueva York, señala que los musulmanes se saludan con las palabras Salaam alaikum. Sin embargo, dice que entre ellos también, tanto se usa el saludo de paz que se ha convertido en un hábito, y al caer en él, la responsabilidad mutua que ese hábito significa no se tiene muy en cuenta: "Yo uso Salaam alaikum como un saludo diario, pero no significa solamente 'Buenos días' o 'Buenas tardes'. Significa más: 'La paz y bendición de Dios sean contigo'. Cuando digo esto, siento que tú estás en paz conmigo y yo contigo. Te estoy ofreciendo una mano de ayuda. Vengo a darte la paz. Y, mientras tanto, hasta que nos volvamos a ver, significa que le ruego a Dios que te bendiga, que tenga misericordia de ti y fortalezca mi relación fraternal contigo".

¡Qué diferente sería el mundo si de verdad estuviéramos en paz con cada persona que saludamos durante el curso de un día, si nuestras palabras no fueran tan sólo cortesía sino que surgieran del corazón. En realidad, según nos señalan incansablemente los ateos, pocos conflictos han causado tanto derramamiento de sangre a lo largo de la historia como nuestras incesantes disputas por diferencias religiosas. No en balde los antiguos profetas suspiraban: "Han descarriado a mi pueblo diciendo: Paz, paz, cuando no hay paz".

La paz como
ausencia de guerra

Para muchos la paz significa seguridad nacional, estabilidad, el orden público. La asocian con educación, cultura, deber cívico, salud y prosperidad, comodidad y tranquilidad. Es la buena vida. Ahora bien, ¿pueden todos compartir una paz que se funde en eso y en nada más? Si para unos pocos privilegiados la buena vida significa opciones ilimitadas y consumo excesivo, los demás, lógicamente, tienen por lo tanto que trabajar como esclavos y sufrir una pobreza agobiadora. ¿Se le puede llamar paz a eso?

En vísperas de la Segunda Guerra Mundial mi abuelo, Eberhard Arnold, escribió lo siguiente:

> ¿Es suficiente el pacifismo? No creo que sea suficiente. Cuando bajo el nuevo gobierno de Hitler han matado a más de mil personas injustamente, sin juicio, ¿no es eso ya guerra?
>
> Cuando en los campos de concentración les han robado la libertad y despojado de toda dignidad humana a centenares de miles de personas, ¿no es guerra eso?
>
> Cuando en Asia millones de personas mueren de hambre mientras en Norteamérica y otros lugares se almacenan millones de toneladas de trigo, ¿no es guerra eso?
>
> Cuando miles de mujeres prostituyen sus cuerpos y arruinan sus vidas por el dinero, cuando millones de abortos ocurren cada año, ¿no es guerra eso?
>
> Cuando hombres y mujeres y niños se ven obligados a trabajar como esclavos para a duras penas proveer de leche y pan a sus hijos, ¿no es guerra eso?
>
> Cuando los adinerados viven en mansiones rodeadas por parques mientras que en otros vecindarios hay familias que tienen que compartir un solo cuarto, ¿no es guerra eso?

Cuando una sola persona acumula una cuenta bancaria enorme mientras que otras ganan apenas lo suficiente para sus necesidades básicas, ¿no es guerra eso?

Cuando conductores de automóviles irresponsables causan miles de muertes por año, ¿no es guerra eso?

No estoy de acuerdo con un pacifismo que sostiene que no habrá más guerras. Tal afirmación no es válida. En todas partes hay guerras – siguen hasta el día de hoy...No puedo apoyar un pacifismo cuyos representantes se aferran a las mismas causas que originan la guerra: la propiedad privada y el capitalismo. No tengo ninguna fe en el pacifismo de hombres de negocio que apabullan a sus competidores, o de hombres casados que no pueden ni siquiera vivir en paz y amor con sus esposas.

Prefiero no usar la palabra "pacifismo" – soy un defensor de la paz. Jesús dijo: "Bienaventurados los pacificadores". Si de veras deseo la paz, tengo que representarla en todos los ámbitos de la vida.

En términos políticos, la paz toma la forma de acuerdos comerciales, arreglos y tratados de paz. Tales tratados son poco más que frágiles equilibrios políticos negociados en un ambiente sumamente tenso. A menudo siembran semillas de nuevos conflictos peores que los que pretendían resolver. Hay muchos ejemplos, desde el Tratado de Versalles, que terminó la Primera Guerra Mundial pero atizó el violento nacionalismo que precipitó la próxima guerra, hasta la Conferencia de Yalta, que terminó la Segunda Guerra Mundial pero alimentó las tensiones que llevaron a la Guerra Fría. Los ceses al fuego no ofrecen garantía alguna de que terminará el odio.

Todo el mundo está de acuerdo con que la paz es la respuesta a la guerra, pero, ¿qué clase de paz? Escribe el Rabí Cohen:

La oscuridad es la ausencia de la luz, pero la paz no es solamente el cese de las hostilidades. Se puede firmar tratados, intercambiar embajadores y mandar los ejércitos de vuelta a casa, pero aun así puede ser que todavía no haya paz. La paz es metafísica y cósmica en sus consecuencias. De hecho, la paz no es la ausencia de guerra sino la máxima afirmación de lo que puede ser.

La paz en la Biblia

Una manera de examinar los significados más profundos de la paz es ver lo que dice la Biblia al respecto. Tal vez el Antiguo Testamento no tenga concepto más rico en significado que el de *shalom*, la palabra hebrea para "paz", difícil de traducir debido a la profundidad y amplitud de sus connotaciones. No se limita a un solo significado, puesto que también podría traducirse como plenitud, solidez o integridad. Se extiende mucho más allá de lo que comunmente entendemos por la palabra "paz".

Shalom significa el fin de la guerra y del conflicto, pero también significa amistad, bienestar, seguridad y salud, prosperidad, abundancia, tranquilidad, armonía con la naturaleza, y hasta salvación. Y significa estas cosas para todos, no sólo para unos pocos electos. En última instancia, *shalom* es una bendición, un don de Dios. No es un intento humano. Se aplica al estado del individuo pero también a las relaciones interpersonales e internacionales, y entre Dios y el ser humano. Además, *shalom* está íntimamente ligado a la justicia porque es el disfrute o celebración de relaciones humanas que de injustas han sido transformadas en justas.

Howard Goeringer, en su libro *He Is Our Peace* (Él es nuestra paz), ilustra un significado aún más radical de *shalom:* el amor al enemigo.

En el año 587 A. C. el ejército babilonio invadió Judea y se llevó rehenes de Jerusalén al exilio. Bajo esas circunstancias difíciles fue que Jeremías escribió estas palabras extraordinarias: "Buscad el shalom de la ciudad donde os he enviado al exilio e implorad al Señor por ella: en el shalom de ella tendréis vuestro shalom". Los refugiados se vieron obligados a vivir en el exilio mientras observaban el colapso de su cultura judía. Odiaban a sus apresadores, anhelaban regresar a su patria y resentían la falla de Dios en no salvarlos – no podían creer lo que Jeremías les decía. Este alocado hombre de Dios les exhortaba a amar a quienes les habían capturado, tratar bien a sus enemigos y rogar al Señor que bendijera a sus perseguidores con shalom.

Como era de esperarse, la carta de Jeremías no fue popular; no fue un best-seller. Los afligidos rehenes no podían entender de qué manera su propio bienestar y el de sus apresadores estaban inseparablemente vinculados. Nada más que pensar en servir con espíritu de bondad, cuidar a sus enfermos, enseñarles juegos judíos a sus hijos o trabajar una hora extra para quienes les habían puesto en cautiverio – ¡eso era una tontería!

Goeringer tiene razón: a menudo la paz de Dios parece ser algo completamente irracional, no sólo a los ojos de los sensatos de este mundo, sino también de la mayoría de la gente religiosa.

La paz es uno de los temas centrales del Nuevo Testamento también, donde se usa mayormente la palabra griega: *eirene*. En su contexto bíblico, *eirene* se extiende mucho más allá de su significado de "descanso" en el griego clásico, e incluye muchas de las connotaciones de *shalom*. En el Nuevo Testamento, el Mesías Jesús es portador, signo e instrumento de la paz de Dios. Pablo dice que Cristo es nuestra paz. En él se reconcilian todas las cosas. Por eso su mensaje se llama el evangelio de la paz. Es la buena nueva del reino venidero, del Reino de Dios, donde todas las cosas caen en orden.

La paz como causa social

El mundo está lleno de activistas que luchan por buenas causas: defienden el medio ambiente y a los desamparados, denuncian la guerra y la injusticia social, luchan por las mujeres maltratadas y las minorías oprimidas, etc. etc. En los años sesenta, marchamos con Martin Luther King, junto a mucha gente de diversas afiliaciones religiosas. Ahora, cuarenta años más tarde, muchos hacen suya la lucha por la abolición de la pena de muerte, causa con la cual mi propia comunidad está profundamente comprometida y que, en su sentido más amplio, es una lucha contra las injusticias del sistema judicial estadounidense. Tanto en el ambiente local como en los casos de prisioneros políticos cuya fama ya es internacional nos hemos topado con horrores que demuestran que la política de "orden público" tiene más que ver con la violencia y el temor que con la paz.

He conocido a mucha gente en tales movimientos, personas muy dedicadas, hombres y mujeres cuyo mérito no pongo en duda. Sin embargo, es penoso observar la fragmentación que marca la vida de tantos luchadores por la paz y la justicia, y las diferencias que a menudo les llevan a reñir entre sí.

Varios pensamientos afloran a la mente cuando recordamos los años sesenta, época en la que abundaron los llamados *peaceniks* (aficionados de la paz). El profundo deseo de los admiradores de los Beatles cuando cantaban una y otra vez: *"Give peace a chance!"* (¡Pon a prueba la paz!) era auténticamente espiritual. ¡Qué no se menosprecie!

Lo que la juventud llevó a cabo en los años sesenta y setenta contrasta con lo que hace ahora: en los años sesenta y setenta muchos jóvenes intentaron transformar en hechos sus sueños y esperanzas. Condujeron marchas, formaron comunas, hicieron actos de desobediencia civil, organizaron sit ins (sentadas), protestas y proyectos al servicio de la comunidad. Nadie pudo acusarles de ser apáticos. No ob-stante, es difícil olvidar cómo, entonces, muchos gritaban por la paz con rostros torcidos por la ira. Tampoco es fácil olvidar que esa época se hundió en cinismo y anarquía.

¿Qué sucede cuando se agota el idealismo, se termina el mitin político y se acaba el "verano del amor"? ¿Qué sucede cuando las comunas pacíficas y las relaciones amorosas se hacen pedazos? ¿Se convierte la paz en otra mercancía cultural más, un símbolo para adornar la camiseta o para pegar en el parachoques del auto?

En su libro, *The Long Loneliness* (*La larga soledad*), Dorothy Day, la legendaria mujer radical que fundó el *Catholic Worker* (Trabajador Católico), comenta que a veces el anhelo de la juventud por un mundo mejor se inspira tanto en el nihilismo y el egoísmo como en cualquier otra cosa. Los jóvenes idealizan el cambio, dice ella, pero rara vez están dispuestos a comenzar consigo mismos. Una vez más citamos al Rabí Cohen:

> Un individuo puede marchar por la paz o votar por la paz e influir un poco, tal vez, en los asuntos globales. Pero en su casa, ese mismo individuo, en toda su pequeñez, es un gigante a los ojos de sus hijos. La paz se construye ladrillo por ladrillo: hay que comenzar con el individuo.

La paz en la vida personal

Sylvia Beels vino a nuestra comunidad cuando joven; hoy es una noventona. Vino de Londres justo antes de estallar la Segunda Guerra Mundial. En su juventud, el movimiento pacifista se oponía a la guerra pero no a la injusticia social. Eso, me dice, la dejó insatisfecha y le hizo anhelar algo más.

> Cuando tenía nueve años vi una película de guerra que me horrorizó, y desde entonces supe que nunca podría ver la guerra como algo bueno, no importa cuán buena fuera la causa.
>
> Después de casarnos, mi esposo, Raymond, y yo nos hicimos miembros del "Club de Libros de Izquierda" y leímos todos sus libros. Nos reuníamos regularmente con un grupo de amigos para discutir esos libros. Buscamos y buscamos para dar con una salida del laberinto de ideas humanas – la guerra, la paz, la política, la moralidad convencional versus el amor libre, etc. – pero no adelantamos ni un paso en el camino hacia una sociedad pacífica y justa.

Luego, durante el largo y difícil parto que tuvo al dar luz a su primera hija, Sylvia se dio cuenta de que su vida personal estaba marcada por los mismos problemas que acosaban a la sociedad. Tenía por delante una prometedora carrera en el campo de la música, pero su matrimonio estaba en ruinas y su mente turbada. En ese instante decidió que antes de poder contribuir en algo a la paz mundial, tenía que encontrar la paz consigo misma y con los demás.

Maureen Burn, una anciana de mi comunidad, llegó a la misma conclusión después de ser, por años, activista en contra de la guerra. Tenía dinero, conexiones sociales y una personalidad vibrante, todo lo cual contribuía a que fuera bien conocida como pacifista en su país, Inglaterra.

Fui idealista y rebelde desde muy joven. La Primera Guerra Mundial me preocupaba, aunque no era más que una niña. Se nos decía que el káiser alemán había causado la guerra, y cuando tenía diez años le escribí una carta pidiéndole que por favor la terminara. Siempre estuve en contra de la guerra.

Mi esposo, Matthew, prominente funcionario de salud pública, también era pacifista. La Primera Guerra Mundial lo convirtió en ardiente antimilitarista y campeón de la justicia social. Nuestro interés común en la Revolución Rusa de 1918, las obras de Tolstoy y las cruzadas de Gandhi creó un lazo entre nosotros, y terminamos por casarnos.

Para entonces muchos jóvenes se iban a Moscú. También nosotros, Matthew y yo, nos sentíamos atraídos por el ideal comunista: "De cada uno de acuerdo con su capacidad, a cada uno de acuerdo con su necesidad", y propuse que nosotros también nos mudáramos a Rusia con nuestros pequeños hijos…Fue sólo cuando Matthew dijo: "Una bomba tirada por un comunista es igual de mala que una tirada por un capitalista", que cambié de parecer.

Cada año, en el Día del Armisticio, Matthew desaparecía. No sé adónde iba. Celebrar ese día con un gran desfile militar frente a la tumba del soldado desconocido era para él un insulto a los muertos. Nunca se puso las medallas que ganó en la guerra. En una ocasión después de la guerra, declaró Matthew—me dijo su madre—que jamás volvería a hacer nada por una sociedad tan podrida en la que hasta el clero, en sus prédicas, incitaba a los jóvenes a matar…

Durante los bombardeos de Inglaterra en la Segunda Guerra Mundial, muchas ciudades decidieron evacuar a los niños. Matthew y Maureen tuvieron que dar con un lugar para sus cuatro hijos, el menor de los cuales no había cumplido un año todavía. El trabajo de Matthew le exigía permanecer en la ciudad. Maureen no sabía dónde ir. Justo entonces descubrió Maureen que estaba embarazada con su

quinto hijo. En aquellas circunstancias, entre tanta incerti-
dumbre, ella y Matthew optaron por un aborto.

Cuando volví a casa después, mi esposo sugirió que me fuera
a mi hermana Kathleen para unos días de descanso. Kathleen
vivía en el Bruderhof. Le escribí, preguntándole si podía ir
por una breve temporada, y contestó que sí.

No tenía idea del choque que allí me aguardaba. Estaba
leyendo uno de los escritos del Bruderhof—no recuerdo el
título del libro. Fuese el que fuera, decía claramente que
abortar era matar: matar una vida nueva en el vientre era tan
injustificable a los ojos de Dios como participar en la matanza
de una guerra. Yo había sido racionalista hasta entonces.
Nada terrible le veía al aborto. Entonces, sin embargo, caí en
un estado de gran agitación y por primera vez sentí el horror
de lo que yo misma había cometido.

No lloro fácilmente, pero en ese momento tuve que llorar
y llorar. Lamentaba profundamente lo que había hecho,
deseaba con todo el alma que se pudiera deshacer. Aunque yo
no era más que una visitante de la comunidad, mi hermana
me llevó a hablar con uno de los ministros, a quien le conté
todo. Me invitó el ministro a una reunión de miembros, donde
oraron por mí. De inmediato supe que había sido perdonada.
Fue un milagro, un don; llena de alegría y de paz, pude hacer
un nuevo comienzo en mi vida.

Nada es tan vital—ni tan doloroso—como reconocer la
falta de paz en el propio corazón, en nuestras propias vidas.
Para algunos puede tratarse de odio o resentimientos; para
otros, de engaño, división o confusión; para otros más,
de simple vacío o depresión. En el sentido más profundo,
todo eso es violencia y, por lo tanto, hay que enfrentarla y
vencerla. Escribe Thomas Merton:

Hay un tipo moderno de violencia muy difundido, al cual
sucumben con mayor facilidad los idealistas que luchan por

la paz con métodos no violentos: se trata del activismo y del exceso de trabajo. La prisa y la presión de la vida moderna son una modalidad, tal vez la más común, de esa violencia. Dejarse arrastrar por múltiples intereses contradictorios, someterse a demasiadas exigencias, comprometerse con demasiados proyectos, querer ayudar a todo el mundo en toda situación — es sucumbir a la violencia; más aún, es cooperar con la violencia. El frenesí del activista neutraliza su trabajo por la paz. Destruye la productividad de su propia labor porque mata la raíz de sabiduría interior que rinde trabajo fructífero.

Muchos son los que se sienten llamados a dedicarse a la causa de la paz, pero en su mayoría dan marcha atrás cuando se dan cuenta de que no pueden ofrecerla a los demás sin antes haberla descubierto en su fuero interno. Incapaces de encontrar armonía en su vida personal, al poco tiempo se sienten completamente agotados.

En los casos más trágicos, una persona puede sufrir una desilusión tal que se quite la vida. Pienso en Phil Ochs, el cantante popular, conocido activista por la paz en los años sesenta; y en Mitch Snyder, fundador del *Center for Creative Nonviolence* (Centro para la no-violencia creativa), insigne y admirado defensor de los desamparados en Washington, DC.

La paz de Dios

La verdadera paz no es mera causa noble que cualquiera puede hacer suya y dedicarse a ella con buenas intenciones. Tampoco es algo que se puede poseer o comprar. La paz presupone lucha. Se le encuentra al asumir las batallas fundamentales de la vida: la de la vida contra la muerte, la del bien contra el mal, la de la verdad contra la mentira. Sí, es un don, pero también es resultado del más intenso esfuerzo. De hecho, varios versículos de los Salmos nos dan a entender que es en el mismo proceso de esforzarse por la paz que se la encuentra. Esa paz es el resultado de arrostrar y vencer, no de evitar, el conflicto. Y como está arraigada en la justicia, la paz genuina – la paz de Dios – deshace las relaciones falsas, altera los sistemas injustos y desenmascara las mentiras que prometen una paz ilusoria. Arranca las semillas de todo lo que estorba la verdadera paz.

La paz de Dios no incluye automáticamente la tranquilidad interior, ni la ausencia de conflictos u otras ideas mundanas de lo que constituye paz. Como podemos ver en la vida de Jesucristo, fue precisamente por haber rechazado al mundo y la paz que da el mundo, que Él, Cristo, estableció la paz perfecta que Él da, una paz arraigada en su aceptación del más angustioso autosacrificio imaginable: la muerte en la cruz.

Esto es algo que, hoy en día, muchos de los que nos llamamos cristianos hemos olvidado o bien no queremos ver. Queremos la paz, pero la queremos bajo nuestras condiciones. Queremos una paz cómoda. Pero la paz no puede venir rápida o fácilmente si ha de perdurar. No puede significar meramente una sensación de bienestar o de equilibrio psicológico, una impresión placentera que hoy está aquí y mañana se ha ido. La paz de Dios es más que un estado de ánimo. Escribe Dorothy Sayers:

> Creo que es un gran error presentar el cristianismo como algo encantador y popular, sin que tenga nada que ofenda... No debemos pasar por alto el hecho de que Jesús, el manso y bondadoso, era tan inflexible en sus opiniones y tan inflamatorio en su lenguaje que lo echaron de la iglesia, lo apedrearon, lo persiguieron de un sitio a otro y, finalmente, lo llevaron al patíbulo por agitador, por ser peligroso para la sociedad. Fuese lo que fuese su paz, no era la paz de una amable indiferencia.

Aquí debo señalar que, a pesar de mi propia fe en Cristo y del estilo de este libro (que para algunos tal vez sea demasiado "religioso"), no creo que uno necesariamente tenga que ser cristiano para encontrar la paz de Jesucristo. Cierto, no podemos hacer caso omiso de las declaraciones de Jesús: "El que no recoge conmigo, desparrama", y "el que no está conmigo, está contra mí". Sin embargo, ¿qué quiere decir "estar con" Jesús? ¿No deja Jesús bien en claro Él mismo que las palabras religiosas y las expresiones piadosas no son lo importante? Jesucristo considera los actos de compasión y misericordia – considera lo que se hace por amor: hasta el vaso de agua que se le ofrece al sediento será recompensado "en el Reino de los Cielos".

Jesús no es un concepto o un artículo teológico: es una persona. Su verdad abarca mucho más de lo que nuestra limitada inteligencia puede comprender. Millones de budistas, musulmanes y judíos – y también de agnósticos y ateos – practican en sus vidas, con más convicción que muchos de los que se dicen cristianos, el amor que Jesucristo nos manda tener. Y no soy quién para juzgar si ellos poseen la paz del Señor o no.

La paz que sobrepasa
el entendimiento

Quizás les resultaría útil a algunos lectores que yo prosiguiera a examinar varias interpretaciones de lo que es la paz—a investigar si se trata de un proceso o de un estado de ánimo. Otros tal vez quisieran saber exactamente de qué estoy hablando cuando digo que la gente busca la paz. ¿Busca con otros? ¿Anhela confiar y amar, tener esperanza en algo más que jubilarse? ¿O es algo completamente diferente? En una palabra, ¿qué es la paz? En uno de los libros de mi abuelo encontré un pensamiento que me ha sido muy útil. Habla de una paz triple: la paz interior del alma con Dios; la realización de la no-violencia mediante las relaciones pacíficas con los demás, y, por último, el establecimiento de un orden social justo y pacífico.

En fin de cuentas, importa poco saber cuál es la mejor definición porque puede que no nos ayude a encontrar la paz. Para comprender el significado de paz tenemos que experimentarla como una realidad práctica, no sólo como algo en la mente o en el corazón, sino en la vida diaria.

Escribe Sadhu Sundar Singh, un místico cristiano de la India que vivió a fines del siglo diecinueve:

> El secreto y la realidad de una vida feliz en Dios sólo pueden entenderse si uno mismo la ha recibido, vivido y experimentado. Si tratamos de entenderla únicamente por medio del intelecto, veremos que nuestros esfuerzos son inútiles.
>
> Cierto científico tenía un pájaro en la mano. Viendo que tenía vida, quiso indagar en qué parte de su cuerpo radicaba la vida del pájaro y comenzó a disecarlo. El resultado fue que la misma vida que buscaba el científico desapareció. Semejante fracaso sufrirán quienes traten de entender con el

intelecto los misterios de la vida interior. La vida que buscan desaparecerá en el análisis.

El agua no descansa hasta haber encontrado su nivel. De la misma manera el alma no está en paz hasta que descansa en Dios.

III

Paradojas

Soy un soldado de Cristo; no puedo pelear.

San Martín de Tours

Paradojas

Ya hemos visto que el anhelo por la paz es un ansia profunda y universal. Sin embargo, es muy difícil definirlo. Esto es lo que sucede con la mayoría de las cosas del espíritu. Elías Chacour, un sacerdote palestino y buen amigo mío, comenta sobre esto en su libro *Blood Brothers* (*Hermanos de sangre*). Al hablar de las grandes religiones orientales, señala que sus pensadores (a diferencia de los de nuestra cultura occidental) se sienten cómodos con las paradojas y están dispuestos a aceptarlas y tolerarlas en vez de descartarlas.

Cualquiera que haya leído los evangelios sabe como Jesucristo usaba paradojas y parábolas para ilustrar verdades profundas. Podrán parecer contradictorias a la mente racional, pero precisamente por eso nos obligan a contemplar esas verdades con nuevos ojos.

Con tales pensamientos en mente he escrito las secciones siguientes, cada una de las cuales provee un punto de partida hacia un entendimiento más profundo de la paz.

No la paz, sino la espada

No penséis que he venido para traer paz a la
tierra. No he venido para traer paz, sino espada.
Sí, he venido para enfrentar al hombre contra
su padre, a la hija contra su madre, a la nuera
contra su suegra; y enemigos de cada cual serán
los que conviven con él. Él que ama a su padre
o a su madre más que a mí, no es digno de mí;
él que ama a su hijo o hija más que a mí, no es
digno de mí.

Jesús de Nazaret

Cuando Mateo incluyó estas palabras de Jesús en el
décimo capítulo de su evangelio, les dio a generaciones
de cristianos un argumento favorito con el cual defender
el uso de la fuerza en el trato con otras personas. Pero,
¿qué es lo que Jesús realmente quería decir? Seguramente
no podía haber querido justificar o promover la violencia
armada. Aun cuando echó a los mercaderes del templo con
un látigo, reprendió más tarde a Pedro por cortarle la oreja
a un soldado y dijo: "...porque todos los que empuñen
espada, a espada perecerán". Y, hasta su último aliento en
la cruz, estas palabras suyas reflejaron todos sus actos: "Así
que en todo traten ustedes a los demás tal y como quieren
que ellos los traten a ustedes".

Para mí, está claro que la espada a la que se refería Jesús
no tiene nada que ver con arma de guerra. En sus epís-
tolas, el apóstol Pablo señala la diferencia entre la espada
del Espíritu por un lado y la espada de la autoridad gubernamental por el otro, que llaman también espada temporal
o de la ira de Dios. Pablo concede que Dios retiró del

mundo al Espíritu Santo porque los hombres no le obede-
cían; en su lugar, Dios dio al mundo la "espada" de los
gobiernos terrenales, cuya estabilidad y autoridad se apoya
en su poderío militar. En cuanto a la Iglesia, ella no debe
ni puede usar armas. Tiene que permanecer fiel a un solo
poder, a Cristo. Sus auténticos seguidores esgrimen únicamente la espada del Espíritu.

En otros pasajes de la Biblia, la espada es símbolo de la
verdad. Al igual que el arma, esta espada corta todo lo que
nos ata al pecado. Limpia y pone al descubierto (el autor
de la Carta a los Hebreos hasta dice que "separa tuétanos
y coyunturas"). Sin embargo, su propósito no es destruir
o matar. Philip Britts, poeta del Bruderhof, dice que la
paz es "el armamento del amor y de la redención…no un
armamento carnal, sino de la lucha por la verdad". No es
la lucha de hombres contra hombres, sino la "del creador
contra el destructor; la guerra del ansia por la vida contra el
ansia de la muerte; la del amor contra el odio, de la unidad
contra la desintegración".

Leemos en el evangelio que, "desde los días de Juan
el Bautista, el Reino de los Cielos sufre violencia, y los
violentos lo arrebatan". Aunque éste es uno de los dichos
más enigmáticos de Jesús, el significado de "los violentos"
es bastante sencillo. No podemos quedarnos sentados y
esperar que el cielo, el divino reino de paz, nos caiga en
el regazo. Tenemos que buscarlo con fervor. Como dice
Thomas Cahill: "Los apasionados, los exagerados, los
descontrolados tienen mejor oportunidad de alcanzar el
cielo que los contentos, los calculadores y aquellos de quien
el mundo aprueba". Es interesante que el vocabulario cristiano no es el único que usa lenguaje violento para describir
el camino de paz. De acuerdo con una fuente musulmana,
la palabra jihad no sólo significa la guerra santa del Islam,

sino también la batalla espiritual que ocurre dentro de cada uno de nosotros.

Hoy en día muchos cristianos desdeñan la idea de guerra espiritual. Por un lado, piensan que es un producto de la imaginación; por otro, creen que el lenguaje que se usa para describirlo es provocativo y, peor aún, anticuado. Pero no olvidemos que la lucha cósmica entre los ángeles de Dios y las huestes de Satanás continúa hasta hoy, a pesar de que se cree cada vez menos en su realidad. ¿Por qué suponer que es una abstracción solamente porque no la vemos?

Yo creo que los poderes invisibles del bien y del mal son tan reales como las fuerzas físicas que componen nuestro universo, y a menos que seamos capaces de discernirlas no podemos participar en la batalla vital que ocurre entre ellas. Al igual que la luz no puede convivir con la oscuridad, así también el bien y el mal no pueden coexistir y, por lo tanto, tenemos que decidir de qué lado nos colocamos.

Hace unos veinticinco años, mi padre, en aquel entonces anciano de las comunidades del Bruderhof, redactó un documento al cual hemos recurrido repetidamente en el curso de los años. Todos los miembros de la comunidad firmaron ese convenio, en el cual hoy todavía cada nuevo miembro se ratifica. Muchas veces nos ha ayudado a enfocar con mayor claridad la raíz de algún problema particular.

Declaramos la guerra contra toda irreverencia hacia el espíritu inocente de Jesús.

Declaramos la guerra contra toda crueldad emocional o física hacia los niños.

Declaramos la guerra contra el afán de manipular las almas de otros.

Declaramos la guerra contra toda grandeza humana y toda forma de vanidad.

Declaramos la guerra contra todo falso orgullo, incluso el orgullo colectivo.

Declaramos la guerra contra el espíritu de no perdonar, la envidia y el odio.

Declaramos la guerra contra toda crueldad hacia cualquiera, aunque él o ella hayan pecado.

Declaramos la guerra contra toda curiosidad acerca de magia u oscuridad satánica.

En la lucha contra el mal, es fácil caer en el error de pensar que se trata de una pelea en el plano humano, entre dos campos opuestos de gente "buena" y "mala". Podemos hablar de Dios y de la iglesia en contraste con Satanás y el mundo, pero la realidad es que la línea divisoria entre el bien y el mal pasa por cada corazón humano. Y, ¿quiénes somos para juzgar a nadie excepto a nosotros mismos?

Gandhi aconsejó en cierta ocasión: "Si odias la injusticia, la tiranía, la lujuria y la codicia, ódialas primero en ti mismo". Cada uno de nosotros crea cierta atmósfera alrededor de sí. Mientras "estamos en la lucha", no nos olvidemos de pausar de vez en cuando para preguntarnos si esta atmósfera es una de temor o si es del "perfecto amor que expulsa el temor". (1 Juan 4:18)

Es tentador librar esa batalla en los demás y no en nosotros mismos. Horrorizados por el estado del mundo o por la vida que llevan otras personas, nos erguimos en celo justiciero, por no decir farisaico. Pero en vez de ayudar a otros a encontrar el camino hacia una nueva vida, o de descubrir lo que llevan en el corazón, nos distanciamos de ellos. Debemos librar la batalla primero en nuestros propios corazones. Glenn Swinger, un hermano ministro, recientemente me escribió al respecto:

Después de mi conversión, fui bautizado a los 47 años de edad. Confesé todos los pecados que pude recordar, aclaré las relaciones injustas con otras personas y traté de reconocer cuán profundamente me había opuesto a Dios. Me supe perdonado, lo que me dio alegría y paz. No obstante, tu padre, que me bautizó, dijo: "Es ahora que comienza la verdadera batalla". No estoy seguro si en aquel momento realmente comprendí el significado de sus palabras, pero me dije que estaría vigilante.

Poco a poco, sin embargo, volví a mis viejas costumbres; los diablillos del orgullo, la envidia y los celos volvieron a entrar en mi vida. Seguramente me había cambiado la experiencia del bautismo, no lo niego, pero no había conquistado mi "yo". En el centro de mis vivencias espirituales se mantenía mi propio ser. Seguía viviendo una gran vida con mis propias fuerzas, mis propias capacidades. Pero no "velé y oré" por que las tentaciones no entraran en mi corazón... Con el tiempo, "el primer amor" que me había llamado a Jesucristo se desmoronó.

Más tarde, mi hipocresía quedó al descubierto y experimenté el dolor de la censura. Se me pidió que renunciara a mi cargo como ministro y maestro. Me mudé del Bruderhof por cuatro meses, y durante ese tiempo pude encarar firmemente mis pecados, y arrepentirme de ellos. Al regresar, recibí el perdón de los hermanos y hermanas, de quienes me había separado, y encontré nueva libertad, amor y paz.

Las luchas continúan a diario pero, a través de los años, he ido aprendiendo poco a poco lo que significan las palabras en 1 Corintios 13: "Ahora, pues, permanecen estas tres virtudes: la fe, la esperanza y el amor. Pero la más excelente de ellas es el amor". No puedo juzgar ni menospreciar a nadie, no importa cual sea su condición. El rico creó un abismo entre él y Lázaro, y en el más allá sus posiciones se invirtieron. Dentro de cada uno de nosotros hay dos fuerzas poderosas, el bien y el mal, y en la batalla entre ellas se nos juzga y nos perdona una y otra vez. Es en esta lucha continua, que experimentamos la verdadera paz.

Porque alude a su significado más profundo de esta paradoja de Jesús: "No he venido a traer paz, sino espada", la glosa de Glenn que acabamos de citar es crítica: La espada de Cristo es su verdad, y tenemos que permitir que nos corte profundamente y repetidas veces, cada vez que surja el pecado en nuestras vidas. Endurecernos o protegernos de ella es cerrarnos a la misericordia y al amor de Dios.

La violencia del amor

Si la paz genuina exige guerra, entonces también exige sangre, y no solamente en el sentido figurado. Jesucristo nos prohibe usar la fuerza contra los demás, pero claramente exige que estemos dispuestos a sufrir a manos de otros. Según nos dice el Nuevo Testamento, Él mismo "compró nuestra paz con su sangre" y, a través de los siglos, miles de hombres y mujeres han seguido su ejemplo y sacrificado voluntariamente la vida por la fe.

Una de las cosas más difíciles de explicar es lo que significa morir por sus convicciones. La mayoría temblamos al sólo imaginar el espectáculo sangriento de personas quemadas, ahogadas o hasta descuartizadas. Sin embargo, muchos testigos han descrito la extraordinaria paz de los mártires en sus últimos momentos.

En *The Chronicle of the Hutterian Brethren* (Crónica de la Hermandad Hutteriana), historia de la época de la Reforma que contiene relatos de muchos martirios, leemos sobre personas que marcharon a su muerte cantando con alegría. Uno de ellos, el joven Conrad, se mantuvo tan resuelto y tranquilo a punto de ser ejecutado que los espectadores dijeron que hubieran deseado no haberlo conocido jamás, así de incómodos les hizo sentir.

El martirio parece ser un final poco probable para la mayoría de nosotros. Rara vez somos llamados a defender nuestra fe ni siquiera verbalmente, y la idea de pagar por ella físicamente parece demasiado dramática. Aun así, nunca está de más pensar en la fe de aquellos que están dispuestos a sufrir por sus creencias y preguntarnos si estaríamos preparados a hacer lo mismo. Cualquiera puede dominar sus emociones lo suficiente como para quedarse tranquilo ante las penas del diario vivir. Pero, para conservar nuestra paz interior ante una lucha seria, inclusive ante la muerte, esa paz tiene que haber echado raíces en algo más que las buenas intenciones. De manera más profunda, por algún lado de nuestro ser, deberemos haber depositado fuerza.

El arzobispo salvadoreño Oscar Romero aludió al secreto de esa paz cuando, poco antes de su muerte, habló de la importancia de aceptar la "violencia del amor". A Romero lo asesinaron en 1980 por su abierta solidaridad con los pobres.

> La violencia del amor, la que dejó a Cristo clavado en una cruz, [es] la que se hace cada uno para vencer sus egoísmos, y para que no haya desigualdades tan crueles entre nosotros. Esa violencia no es la violencia de la espada, la del odio; es la violencia del amor, la de la fraternidad, la que quiere convertir las armas en hoces para el trabajo.

El amor de Jesucristo es pues energía en pro de la verdad y la santidad y, por su propia naturaleza, ataca a todo lo profano y opuesto a la verdad. Es un amor completamente diferente del que predican muchos líderes espirituales de nuestra cultura. Marianne Williamson, la popular autora de *New Age* (la Nueva Era), aconseja que, para encontrar la paz, lo único que hace falta es amarnos a nosotros mismos tales como somos y "aceptar al Cristo que ya mora dentro de nosotros".

No es de extrañar que la mayoría prefiera lo que enseña Williamson; es más cómodo. Preferimos la resurrección sin la crucifixión. A sabiendas de que todo cristiano tiene que llevar una cruz, más allá de eso preferiríamos desentendernos del asunto.

Preferimos la benévola y afable espiritualidad de la iglesia moderna, y la buena voluntad que los ángeles de Belén prometieren, a la paz del Gólgota tan ardua de obtener. Admiramos la entrega de Jesús al morir—"Padre, en tus manos encomiendo mi espíritu"—pero tendemos a olvidarnos de su agonizante lucha durante la larga y solitaria noche de Getsemaní.

Hace poco, me llamó la atención un versículo en el libro del profeta Jeremías: "¿No es acaso mi palabra como fuego, y como martillo que pulveriza la roca?" No cabe duda de que Dios se refiere a la dureza de nuestros corazones. Entendemos normalmente por dureza lo que se manifiesta en criminales—asesinos, ultrajadores, adúlteros, ladrones. Por experiencia he conocido, sin embargo, al aconsejar a presos, que el criminal más violento es capaz de tener el corazón más blando, porque es quien está más consciente de su pecado. ¡Cómo quisiera poder decir lo mismo de otros a quienes he aconsejado—gente "buena" con el ego bien alimentado y una presencia cuidadosamente acicalada!

Aun cuando nos demos cuenta de nuestros defectos y conflictos, resistimos a menudo la violencia del amor. Buscamos una paz genuina y duradera y sabemos que algo nos va a costar pero, al poco rato, nos conformamos con menos. Un joven de mi congregación me dijo una vez: "He bregado una y otra vez conmigo mismo por encontrar la paz, pero me pregunto: ¿Porqué te sometes a ese infierno? ¿De veras vale la pena?" Por supuesto que yo no podía contestar esa pregunta por él. Pensándolo ahora, tal vez debería haberle respondido con otra pregunta: ¿Cuánto vale la paz para ti si no vale la pena luchar por ella?

Por extraño que parezca, a veces los que más persuadidos están de que no poseen la paz que anhelan, son los que más cerca están de encontrarla. Robert (éste no es su verdadero nombre) es reo condenado a cadena perpetua en una prisión en el norte del estado de Nueva York. Cometió un crimen indeciblemente horrendo, y hay momentos en que se siente tan torturado por el recuerdo de lo que hizo que la idea de seguir viviendo un día más le parece insoportable. Pero el remordimiento también le ha procurado, a ratos, cierta sensación de paz. En una carta reciente, escribió:

> Usted me pidió que escribiera algo acerca de la paz, la paz de Dios. Me encantaría hacerlo, pero no me siento competente para ello; creo que la paz de que usted habla me ha eludido durante casi toda mi vida. He buscado la paz de muchas maneras: por medio de las mujeres, de mi abuela, de mis logros, de las drogas, y a veces la violencia y el odio; las relaciones sexuales, el matrimonio, los hijos, el dinero y la posesión de cosas materiales. En nada de eso encontré paz. Sin embargo, hay algo raro. Nunca sentí paz, pero sé lo que es y cómo se siente. Yo la describiría como poder respirar hondo y reposar. Toda mi vida me he sentido—y todavía me siento así la mayor parte del tiempo—como si estuviera sofocándome, ahogándome y luchando constantemente por respirar y descansar.
>
> Ésa es la paz que anhelo. He aprendido que la única forma para obtener esa paz es por vía de Jesucristo, y aun así me esquiva. No estoy en paz, por lo que hice y por la manera como eso afectó a otros. ¡Cuánto lo lamento!
>
> Ruego por gozar una segunda oportunidad que me permita vivir más allá de la cárcel de concreto y acero construida por seres humanos, así como de la prisión satánica. Saber que Dios puede hacer que eso se realice, es donde descansan—y siguen descansando—mi fe y esperanza.
>
> Que Dios al fin contestara mis oraciones aun después de todo el dolor, el malestar y las luchas del pasado—eso me daría la paz. O si yo supiera que hay quien me ama a pesar de quien soy y de lo que he hecho, y que me perdonaba lo suficiente como para darme esa segunda oportunidad.

Aunque la carta de Robert suena desesperada, yo y otros que le han visitado hemos notado un marcado cambio en él desde su arresto años atrás. No es que ya haya alcanzado una meta; tampoco se podría decir que haya encontrado paz. Pero Robert está hambriento por esa paz. Y, porque atraviesa por la agonía del verdadero arrepentimiento, está más cerca de Dios que el resto de nosotros.

En el antiguo texto hindú, el Bhagavad Gita, hay un pasaje sobre la paz que dice: "Aun los asesinos y violadores…y los fanáticos más crueles pueden conocer la redención mediante el poder del amor, si solamente se someten a su gracia severa pero sanadora. Mediante transformaciones extremadamente dolorosas encontrarán la libertad, y en sus corazones la paz". Leemos en la Carta a los Hebreos: "Ciertamente, ninguna dificultad, en el momento de recibirla, parece agradable, sino más bien penosa; sin embargo, después produce una cosecha de justicia y paz para quienes han sido ejercitados en ella". (Hebreos 12:11) Puede que Robert no tenga conocimiento de ninguno de esos textos. Sin embargo, experimenta la verdad que expresan; vive la violencia del amor.

No hay vida sin muerte

Mientras trabajaba en este libro, dos dichos de Jesús en el Evangelio de Juan ayudaron a profundizar mi entendimiento de la paz: "Si el grano de trigo no cae en tierra y muere, queda él solo. Pero si muere, produce mucho fruto". Y este otro: "El hombre que ama su vida en esta tierra, la pierde, mas el que pierda su vida por mí, ganará vida eterna".

Lo mismo que no hay paz duradera sin lucha, no hay vida verdadera sin muerte. Y ya que no enfrentamos una muerte inminente, perdemos de vista ese hecho importante. Se nos olvida que no podemos entender la paz de Jesucristo sin antes haber entendido su sufrimiento. Estar dispuesto a sufrir es importante, pero no es suficiente. El sufrimiento es algo que tiene que experimentarse. Como dijo mi padre en una ocasión: "Es decisivo para la vida interior haber tenido aunque sea una pequeña vivencia de sentirse abandonado por Dios".

Para la mayoría, sentirse abandonado por Dios es algo negativo que nada parece tener que ver con la paz. Significa dolor, no placer; sufrimiento, no alegría; autosacrificio, no autopreservación. Significa soledad, abnegación, enajenación y miedo. Sin embargo, si queremos encontrarle significado a la vida, tenemos que ser capaces de descubrirlo en estas cosas. Como ha señalado el gran psiquíatra judío, Victor Frankl, el sufrimiento "no puede borrarse de la paleta de los colores de la vida. Sin el sufrimiento, la vida humana sería incompleta".

Muchos se pasan la vida tratando de escapar a esta verdad, y terminan por ser muy infelices. Otros encuentran paz y satisfacción al aceptarla. Mary Poplin, estadounidense que pasó una temporada con las Misioneras de la Caridad en Calcuta, dice de ellas:

Las Misioneras ven las pruebas y los insultos como ocasiones para conocerse a sí mismas, para cultivar la humildad y la paciencia, para amar a sus enemigos – oportunidades para hacerse más santas. Hasta la enfermedad se interpreta a menudo como un modo de acercarse más a Dios, una manera en que Dios se revela más claramente a sí mismo y una oportunidad para discernir más profundamente los problemas que tenemos con nuestro propio carácter.

Pasamos mucho tiempo en nuestra vida tratando de aliviar y evitar el sufrimiento y, cuando llega, no sabemos qué hacer con él. Menos aún sabemos cómo ayudar a otros que sufren. Le resistimos, echamos la culpa a individuos y a sistemas sociales y tratamos de protegernos. Rara vez nos ponemos a pensar en que el sufrimiento puede ser un don de Dios para llamarnos a ser más santos. Aunque a menudo decimos que las crisis y épocas de sufrimiento edifican el carácter, lo evitamos siempre que podamos, y nos empeñamos en crear técnicas para compensar, minimizar o vencerlo. De hecho, gran parte de nuestra literatura seglar insinúa que la aceptación del dolor y del sufrimiento por parte de la Madre Teresa y de sus Misioneras es un defecto psicológico. He trabajado junto a ellas, y pienso que no hay nada más lejos de la verdad. Rara vez se nos alienta a nosotros, los norteamericanos, a asumir responsabilidad por nuestro propio sufrimiento. Sin embargo, sea cual sea la situación, cada uno de nosotros tiene, en última instancia, capacidad de decidir cómo responder al sufrimiento. Para las Misioneras, el sufrimiento no es sólo una experiencia física sino un encuentro espiritual que las estimula a aprender nuevas maneras de responder, a pedir perdón, a volverse hacia Dios, a pensar como Jesucristo y regocijarse en que el sufrimiento haya efectuado buena obra en ellas. Es, finalmente, un estímulo a la acción.

De igual importancia es el testimonio de alguien como Philip Berrigan, que no solamente ha aceptado el sufrimiento en su vida, sino que lo ha abrazado. Phil sabe más de lo que significa perder la vida "por causa mía" que la mayoría de los cristianos hoy en día. Para él, responder al llamado de Cristo a vivir como discípulo suyo le ha traído persecución en la forma de una condena carcelaria tras otra. En los sesenta, por protestar contra la Guerra de Vietnam, él y su hermano Daniel fueron arrestados por primera vez y, desde entonces, ha pasado un total de once años tras las rejas, por otras protestas.

En el otoño de 1996 visité a Phil en una cárcel del estado de Maine, donde estaba detenido por el más reciente de sus numerosos actos de desobediencia civil. Unas semanas más tarde le sentenciaron a dos años de prisión – dos años de separación de su esposa, Elizabeth McAlister, y de sus tres hijos. No era la primera vez que les separaban. En una conmovedora carta a Phil, escrita en mayo de 1997, Liz reflexiona sobre el fundamento de su trabajo por la paz, que con frecuencia ha sido mal interpretado y criticado por sus connotaciones políticas pero que revela un optimismo y una fe infatigables:

No es justo que a los setenta y tres años de edad estés enfrentando, por enésima vez, una condena carcelaria por la causa de la justicia y de la paz. Y que la estés enfrentando sin que tan siquiera el tribunal te dé audiencia. Pero, ¿qué más podemos esperar cuando en todo el mundo hay millones de encarcelados, muchos de ellos sometidos a la tortura, pasando hambre, desaparecidos, y con sus familias desconsoladas?

No es justo que no podamos disfrutar la casa que construimos juntos, ni gozar el florecer de las rosas que transplantamos, comer las frutas que cultivamos, enorgullecernos de los hijos que hemos criado. Pero, ¿qué más podemos esperar cuando millones están sin techo y millones más son refugiados de guerra, hambre y represión – con el alma tan aturdida por el cansancio y el temor que ya no ven la belleza que les rodea, deshechos la esperanza y el corazón porque cada día mueren sus hijos?

No es justo que no podamos celebrar juntos la graduación universitaria de Frida y Jerry. Ansían estés a su lado y participes de su satisfacción, sus logros y sus nuevos comienzos. Anhelan tu sabiduría, tu corazón, tu presencia en esta nueva fase de su vida. Pero, ¿qué más podemos esperar cuando la mayoría de los jóvenes no puede soñar siquiera con tener una educación universitaria, una familia afectuosa y una comunidad solidaria, porque son víctimas de las instituciones decrépitas que pasan por enseñanza pública, y de la ausencia de un porvenir que la gran sociedad les deja como herencia?

No es justo que no podamos juntos orientar a Kate mientras espera recibirse en la escuela secundaria y encarar el futuro, hecha joven mujer…

No es justo que la comunidad que edificaste y reconstruiste con tu trabajo todos estos años esté sin ti; que la oración, la labor, los sueños y las risas queden huérfanos de tus dones especiales, de tu visión y gracia. Pero, ¿qué más podemos esperar cuando el sentido de comunidad, de cualquier índole, es sospechoso – una amenaza, una aberración; cuando el silencio es casi total; cuando la gente, intimidada y comprada, es partícipe de su propia extinción?

La sensación de paz interna y de determinación que irradia de una persona como Phil es algo que nuestra sociedad no aprecia ni comprende. Es el fruto de la paradójica libertad en Cristo, que dice: "Nadie me quita la vida; yo la doy voluntariamente. Tengo poder para darla y poder para recobrarla de nuevo". (Juan 10:18)

Para Phil, el sacrificio de estar separado de sus seres queridos está dentro de la norma, es parte de la muerte que hay que sufrir en la senda hacia la paz. No le ha traído la paz que da el mundo pero, como escribió desde la cárcel en setiembre de 1997, sus ojos están puestos en una paz mucho mayor y más profunda:

> Es la paz en la que ya no hay dominación de unos sobre otros, donde se reparan las injusticias, donde la violencia es vestigio del pasado, donde las espadas han desaparecido y abundan las hoces. Es la paz en la que todos se tratan como hermanos y hermanas, con respeto y dignidad, donde cada vida es sagrada y hay un futuro para los niños. Ése es el mundo al que Dios nos llama a todos para que ayudemos a convertirlo en realidad.
>
> En nuestro país esto puede significar ir a la cárcel, perder la buena reputación, el empleo o ingreso, incluso ser repudiado por la propia familia y los amigos. Sin embargo, dentro de un estado criminal que diariamente se prepara para un holocausto nuclear, significa libertad, un sentido de identidad y vocación, y una nueva comunidad de amigos y familiares. De hecho, significa una resurrección.

Para la mayoría de nosotros, la muerte que tenemos que sufrir para que demos fruto es bastante prosaica. En vez de hacer frente a un pelotón de fusilamiento, como Dostoievski, o a un juez federal, como los hermanos Berrigan, encaramos poco más que los obstáculos de la vida diaria: vencer el orgullo, llegar a un acuerdo con alguien que nos ha tratado mal, abandonar un resentimiento, someternos a un pariente o colega enojado o frustrado. No hay nada de heroico en esas cosas. Pero "a menos que sembremos la semilla" nunca encontraremos la verdadera paz ni podremos dársela a otros.

Laurel Arnold, a quien conozco desde hace ya más de cuarenta años, dice:

Cuando pienso en las palabras de Jesús en el evangelio de Juan: "Mi paz les doy. No se la doy a ustedes como la da el mundo", recuerdo cuántas veces he escuchado esas palabras sin que me llegaran al corazón.

Me crié en un ambiente protegido y aislado y me convertí en una mujer recta, piadosa y criticona. Tenía ambiciones de llegar a ser alguien, tal vez una escritora famosa, y me esforcé mucho por obtener honores en la universidad. Quería gozar de popularidad entre mis compañeras, pero desdeñaba a aquellas que la tenían. Era idealista y pacifista y quería que fuésemos "amigos" de los japoneses. Al mismo tiempo era totalmente clase media blanca, ciega a la injusticia social y al abuso del poder político.

Pasé los años de guerra como maestra en la ciudad de Nueva York, mientras que Paul, mi esposo, estaba en alta mar. Después de la guerra, despertamos poco a poco a la realidad de la vida de otra gente. En Europa, Paul había visto la terrible destrucción de ciudades bombardeadas. Por mi parte, yo había pasado por encima de borrachos en la calle sin pisarlos, y había cuidado a niños que nunca jugaron en un prado. Pensábamos ayudar a una mujer alcohólica incluyén- dola en nuestra familia, pero ella hurtó el dinero que le dimos para comprar la comida.

Nos ofrecimos a la junta misionera de nuestra iglesia y nos enviaron al África. Aunque más tarde dejamos de ser misio- neros, nos dimos cada vez más a las tareas de la iglesia. Pero debido a la superficialidad y chismorreo, nunca encontramos las relaciones íntimas y sinceras que buscábamos. Queríamos seguir a Jesús todos los días, no sólo los domingos.

Luego, atraídos por el ideal de hermandad, comen- zamos a examinar aspectos de nuestra vida que no se nos había ocurrido pasar por el tamiz antes: el materialismo, la propiedad privada, las causas de la guerra. Fuimos al Bruderhof en 1960…No era ningún problema dejar la casa y el automóvil y poner nuestros bienes en un fondo común;

todo eso nos parecía muy razonable. Mucho más difícil era renunciar a la testarudez, a los prejuicios que se disfrazan de principios, a los juicios farisaicos, a mi inclinación de ser mandona y sentirme tan segura de mí misma que aplastaba a los demás. Me costó un gran esfuerzo no actuar de acuerdo a las "reglas" sino según el Espíritu, no tratar de ser "buena" o "amable" cuando lo que hacía falta era ser franca y genuina.

Huelga decir que hubo tantas alegrías como luchas. La fidelidad de Dios nos acompañó a lo largo de aquellos años. Él me tomó por la mano para juzgarme, perdonarme y darme la gracia de poder comenzar de nuevo. Todavía no me gusta estar equivocada—a nadie le agrada—pero he descubierto la abundante gracia y el amor que el juicio de Dios trae consigo. A los setenta y cuatro años de edad, no tengo tiempo para descansar y ponerme cómoda. Aún hay tanto que aprender, tanto a lo que hay que responder…

Mucha gente da gracias a Dios por ser sus hijos. Yo no estoy tan segura de serlo. ¿Estoy realmente preparada para morir? Claro está, todavía no vivo "con serenidad". Tengo muchas inquietudes y anhelos. Creo que todos formamos parte de la creación que gime, como leemos en Romanos 8:22 y 23. Si me miro a mí misma me pongo temblorosa; pero cuando recuerdo que Dios me ha sido fiel toda mi vida—ahí encuentro mi confianza y mi paz.

La historia de Laurel nada tiene de excepcional. Pero el hecho de que se trata de algo tan normal que nos es común a todos—una tarea de toda una vida que consiste en aprender a vivir en paz con Dios, con el prójimo y consigo mismo—no le resta importancia; es tan importante como el más heroico martirio. Según las palabras de mi abuelo:

En cuanto a la humanidad en general, hay una sola cosa digna de la grandeza del Reino de Dios: estar dispuestos a morir. Pero a menos que demostremos esa disposición en las peque-ñeces de la vida cotidiana, no sabremos cómo armarnos de valor en la hora decisiva de la historia. Por lo tanto, tenemos que vencer por completo nuestros mezquinos sentimientos y actitudes y dejar de lado toda reacción personal, es decir, nuestros temores, preocupaciones, incertidumbres – esto es, nuestra falta de fe. Al contrario: necesitamos tener fe, una fe tan pequeña como una semilla diminuta, pero que tiene el mismo potencial para crecer. Esto es lo que necesitamos; ni más, ni menos.

La sabiduría de los necios

En su primera carta a los Corintios, el apóstol Pablo escribe: "Que nadie se engañe. Si alguno de ustedes se cree sabio según las normas de esta época, hágase ignorante para así llegar a ser sabio. Porque a los ojos de Dios la sabiduría de este mundo es locura". (1 Corintios 3:18–19) Puede parecer que la sabiduría de los necios (y la necedad de los sabios) no tenga relación directa con la paz; sin embargo, ilumina, como tema bíblico central, un aspecto importante de nuestro libro. Si la paz de Dios no es paz como la da el mundo, entonces los que observan la sabiduría del mundo no pueden encontrarla, sino únicamente aquellos que abrazan la necedad de Dios.

A menudo se ridiculiza y descarta esa necedad en la práctica. La historia de Francisco de Asís viene al caso. Hoy día se le conoce sobre todo por las bonitas estatuas de jardín que ha inspirado – un monje inofensivo que escribió cantos al sol y fue amigo de los animales. Ahora bien, San Francisco no fue ningún palabritas mansas. Su alma apasionada le llevó a solidarizarse con los pobres al punto de renunciar no sólo a su herencia sino a la ropa que llevaba puesta. Tan intransigente al condenar la riqueza y la religión institucional fue su testamento que lo confiscaron y quemaron antes de que se aprobara la canonización de Francisco. Las pocas palabras que nos dejó revelan una profundidad de espíritu excepcional. Por trilladas que parezcan luego de tanta repetición, nos retan cada vez que las leemos:

> Señor, hazme un instrumento de tu paz.
> Donde haya odio, siembre yo amor;
> Donde haya injuria, perdón;
> Donde haya duda, fe;
> Donde haya desesperación, esperanza;

Donde haya oscuridad, luz;
Donde haya tristeza, alegría.

Oh, divino Maestro,
Concédeme no buscar yo tanto
Ser consolado, sino consolar,
Ser comprendido, sino comprender,
Ser amado, sino amar.

Porque es al dar que recibimos
Al perdonar que somos perdonados,
Y al morir que nacemos a la vida eterna.

Los que hoy, al igual que San Francisco hace casi ocho siglos, se erizan al oír las mismas –ya tradicionales– repuestas "religiosas" corren el mismo peligro que él de ser objetos de burla. Y como él, descubrirán que en el camino hacia una paz duradera hay que disponerse a comprobar que no se comprenderá nuestros motivos y que habrá quien los tergiverse.

En mi libro sobre la muerte y el morir, *No tengas miedo*, conté la historia de mi tía Edith, que abandonó su agradable vida de estudiante en la prestigiosa universidad alemana de Tübingen a favor de la pobreza del Bruderhof. Adolf Hitler había asumido el poder, y a nuestra comunidad le endilgaron el sobrenombre de ser amenaza a la seguridad del Estado. Tanto enojó a los padres de Edith la "necedad" de su hija que la encerraron en un cuarto del segundo piso y se negaron a darle comida hasta que cambiara de parecer. Edith hizo una soga con unas sábanas y se escapó por la ventana.

Marjorie Hindley, quien hasta su muerte a la edad de 91 años vivía en una de nuestras comunidades inglesas, se encontró con otro tipo de resistencia, aunque las tensiones subyacentes eran las mismas.

Me crié en la Iglesia Metodista, aunque luego me convertí a la Anglicana. Cuando pequeños, mi madre solía orar con nosotros todas las noches al acostarnos, y en mi familia vivimos de acuerdo con las aceptadas normas de moralidad convencional.

Papá tendía al socialismo, y yo compartía su afán de justicia; Mamá era mucho más conservadora, y mi hermano solía hacerle eco – todo lo cual causó discusiones frecuentes.

Ni siquiera durante la adolescencia perdí del todo la fe en la enseñanza cristiana, pero el hallar su verdadero significado me costó esfuerzo. A los dieciséis años más o menos, mi manera de pensar recibió su primera sacudida cuando el primo de uno de mis compañeros de colegio se declaró objetor de conciencia a la guerra y lo encarcelaron. Eso fue un choque. Comencé entonces a tener dudas y a averiguar qué enseñaba el cristianismo. Cierto día en casa, recuerdo, protestaba yo en alta voz contra alguna injusticia, y mi madre me dijo: "Espera hasta que pierdas tus ilusiones". Repliqué apasionadamente en mis adentros: "¡Nunca las perderé!" Pero luego comencé a preguntarme: ¿Son ilusiones no más, o son verdades y el resto de la vida es una ilusión?

Marjorie trabajó como secretaria, primero en Manchester y luego en la Universidad de Cambridge. Era un empleo cómodo: días de trabajo cortos, vacaciones largas y una pensión al cabo de cuarenta años. Aguantó como dos años, pero entonces se fue porque sentía que "debe haber algo más que esto en la vida". Luego estudió psicología industrial. Después de trabajar por temporadas cortas en diferentes fábricas, consiguió un puesto permanente como supervisora de servicios sociales en una compañía en Bristol, Inglaterra.

Me había metido en ese trabajo con la intención consciente de ser útil, de ayudar a resolver los problemas del mundo aunque fuese en forma muy limitada, de vivir una vida "cristiana".

Sin embargo, me di con más preguntas que respuestas. Los compañeros de trabajo eran cordiales y solidarios entre sí; la capataza ya no tanto; los directores ansiaban mostrar buenas ganancias. ¿Quién necesitaba mi ayuda, los empleados o los directores? Mis compañeros me daban más de lo que yo podía darles a ellos. Si lo que yo buscaba era mi crecimiento pleno, ¿en qué consistía ese pleno crecimiento para ellos? ¿Dónde estaba el ardor de los primeros apóstoles, que dejaron sus redes y siguieron a Jesús? La fe cristiana y la paz de Jesucristo, ¿qué significaban?

Escondí un Nuevo Testamento en mi escritorio para leerlo durante la hora del almuerzo, a puerta cerrada. Descubrí el Sermón del Monte. Medité sobre él.

Los domingos iba a alguna iglesia y los días de semana a un centro juvenil llamado *Folk House* (casa del pueblo). En cierta ocasión me hallé de pie frente a la casa del párroco, pero me fui sin pedir una entrevista. En otra, iba caminando por la calle, muy frustrada, cuando oí una voz tan claramente que miré alrededor para ver de dónde venía. No había nadie. Sin embargo, la voz había dicho: "Ya no falta mucho".

Más o menos al mismo tiempo descubrí que uno de los directores de la firma que me empleaba era cuáquero, y le pregunté si podía prestarme algunos de sus libros. Me trajo *Journal,* el diario de George Fox, y *Studies in Mystical Religions* (Estudio de religiones místicas) por Rufus Jones. Ambos libros me ayudaron mucho. Por las tardes, me encontraba en *Folk House* con otra gente interesada en los temas de actualidad. La guerra se cernía sobre Europa. ¿Qué posición debíamos tomar? ¿Por qué no ofrecían las iglesias orientación clara en tales asuntos?

Marjorie, finalmente, dio la espalda a las fuentes de sabiduría religiosa convencional: a los cuáqueros, que le daban libros pero no podían contestar sus preguntas; a la Iglesia Anglicana, que aplaudía a sus obispos si escribían obras dramáticas sobre la paz pero se negaba a respaldarlos cuando en público alzaban la voz contra el inminente conflicto con Alemania. Fue en una visita al Bruderhof, dice Marjorie, cuando se le hizo claro qué debía hacer:

> De repente, en medio de la pobreza, de fregar pisos y pelar papas, supe que tenía que comenzar de nuevo; tenía que dejar atrás todo cuanto sabía que estaba mal y dedicar mi vida a seguir a Jesucristo. La luz que alboreó en mí era deslumbrante – fue un descubrimiento de alegría, de convicción y de paz.

Marjorie se integró al Bruderhof. Ahora bien, sería la primera en protestar si se entendiera su historia como que, para encontrar la paz, uno tenga que afiliarse a una iglesia, o a una comunidad o hermandad determinada. Pero su fe en que Jesucristo llama a un discipulado radical sigue firme. La verdadera tranquilidad viene cuando se obedece la voz interna. "Por más fuerte que sea la oposición de tus padres, patronos, colegas, amigos, e inclusive de tu iglesia" – así, andando el tiempo, ha aconsejado Marjorie a un sinnúmero de jóvenes.

A menudo, la autocomplacencia nos ciega a los verdaderos problemas de la vida. Nos sentimos tan cómodos – material y espiritualmente – con la sabiduría de nuestra cultura, que no nos molestamos por despertar interiormente, ni siquiera para plantearnos preguntas básicas como las que se hizo Marjorie. En el mejor de los casos, eso es lamentable ya que nos priva de la oportunidad de conocer aquella paz que se alcanza mediante la búsqueda de nuestras propias respuestas. En el peor, es ceguera – cuando no locura – religiosa. Escribe la novelista Annie Dillard:

> En mi experiencia, los cristianos – y no hablo de los tiempos de las catacumbas – tienen poca percepción de la realidad.

¿Hay entre ellos quien tenga la más mínima idea de la clase de potencia que tan despreocupados invocan? O, según sospecho, ¿es que ya nadie cree ni una sola palabra de ello? Las iglesias se parecen a niños que se pasan un domingo de mañana con sus juegos de química, manipulando trinitrotolueno (TNT) para matar el tiempo. Es una locura ponerse sombrero de paja y vestirse de terciopelo para ir a la iglesia, cuando todos deberíamos usar cascos protectores. Los acomodadores deberían distribuir salvavidas y luces de bengala, y amarrarnos a los bancos de la iglesia. Porque el Dios dormido podría despertar un día y sentirse ofendido, o el Dios despierto llevarnos hasta de donde jamás pudiésemos regresar.

La fuerza de la debilidad

A menudo he pensado que el más difícil de los dichos paradójicos de Jesús es el versículo 4, capítulo 18, del evangelio de Mateo, por lo menos en lo que se refiere a ponerlo en práctica. Allí Jesús llama a un niño, lo pone en medio de los discípulos y les dice: "Quien se haga pequeño, cualquiera que se humille como este niño, ése es el mayor en el Reino de los Cielos".

Hacerse niño significa desaprender casi todo lo que enseña la sociedad para ayudarnos a ser adultos. Significa vencer la tentación de parecer fuertes. Significa estar preparados a que nos hieran en vez de protegernos. Significa reconocer que tenemos limitaciones y debilidades, y aceptarlas humildemente.

Jesucristo sanó a los enfermos, dio de comer a las multitudes, convirtió el agua en vino y anduvo sobre las aguas. Tenía a su disposición todas las fuentes del poder. Pero cuando lo arrestaron, cuando lo llevaron ante Pilato, cuando se burlaron de él, lo azotaron y lo crucificaron, rehusó defenderse. No escogió nacer en un palacio, sino en un pesebre. Cristo eligió la "debilidad" de la sumisión. Ésta es, tal vez, una de las llaves de su paz. Dorothy Day escribe:

> Se nos manda vestirnos de Cristo, y pensamos en Él, en su vida privada, su trabajo, su vida pública, sus enseñanzas y su vida de sufrimiento; pero no pensamos lo suficiente en su vida cuando niño, cuando bebé, en lo indefenso que estaba, en su impotencia. Nosotros también tenemos que contentarnos con ese estado, con nuestra condición de no poder hacer nada, de no lograr nada.

Gertrud Wegner, una señora ya de edad que forma parte del Bruderhof, se vio obligada a aceptar esa condición de impotencia cuando un accidente la dejó incapacitada:

Me encontraba en Washington, D.C., con mi esposo cuando me caí y me lastimé gravemente la espina dorsal. Inmediatamente supe que estaba en condición crítica; no tenía sensación en ninguna parte del cuerpo y estaba completamente paralizada del cuello hacia abajo.

Dos operaciones ayudaron mucho, pero las horas de terapia – dos sesiones diarias – exigían trabajo duro y perseverancia. Era agotador. Y mi médico ni siquiera sabía si recuperaría la capacidad de moverme…Mi accidente me enseñó humildad porque todo, hasta la cosita más pequeña, lo tenían que hacer otros para mí. De mes en mes hubo pequeñas mejoras, pero fue una batalla larga y cuesta arriba. Hubo momentos difíciles, pero también aprendí a aceptar mi debilidad. Traté de recordar las palabras del apóstol Pablo, que la fuerza de Jesucristo se manifiesta de la manera más gloriosa por conducto de nuestra debilidad.

Ha habido otras batallas en mi vida personal, pero cada vez mi deseo de paz, y la confianza de que volvería a encontrarla, me han sostenido. Parece que, si has logrado estar en paz una vez en tu vida, retorna a ti una y otra vez.

Cuando pienso en el curso de mi vida, muchas cosas me vienen a la mente. Quisiera haber sido mejor madre para mis hijos. Quisiera haber pasado más tiempo con mi padre cuando se moría de cáncer. Quisiera haber mostrado más amor a mi madre y haberla apoyado más, especialmente en aquel tiempo. Quisiera haber sido más amable hacia los demás…Hay tantas cosas que uno desearía volver a hacer y hacerlas mejor, pero eso no ayuda en nada. Lo único que podemos hacer es aceptar nuestras limitaciones y comenzar de nuevo cada día.

La esperanza de poder servir a Jesús y a mis hermanos y hermanas hasta el último minuto de mi vida me da esa paz, aunque sé bien que esto sería una gracia especial y que es una presunción pedirlo. Mientras más vieja me pongo, más convencida estoy que la paz no es algo que podemos "poseer". Nuestra paz es inmerecida.

Los pensamientos de Gertrud tocan una verdad muy importante: cuanto más confiemos en nuestra propia fuerza y habilidad, menos confiaremos en Cristo. Nuestra debilidad humana no es obstáculo para Dios. De hecho, siempre y cuando no la usemos como excusa para cometer un pecado, es bueno ser débil. Pero aceptar nuestra debilidad significa algo más que reconocer nuestras limitaciones: se trata de experimentar un poder mucho mayor que el nuestro, y someterse a él.

> La raíz de la gracia es ésta: el desmantelamiento de nuestro poder. Cada vez que se alce en nosotros el más mínimo poder, el Espíritu y la autoridad de Dios se retirarán en la misma medida. A mi juicio ése es el discernimiento más penetrante relativo al Reino de Dios. *Eberhard Arnold*

Entre los miembro de nuestra comunidad, Kathy Trapnell nos da testimonio a la verdad de esas palabras por medio de su propia vida de búsqueda:

> El buscar la paz me ha animado desde que pude notar su ausencia en mi familia—¡y cuánta falta hacía! Durante mis años de escuela católica (desde el primer grado hasta cuarto año de universidad) siempre había en mí esa lucha por estar en paz conmigo misma y con mis amistades. Toda buena niña católica, cuando se da cuenta de que ha cometido una falta y está arrepentida, se apresura a hacer una buena confesión. ¡Tengo un vívido recuerdo de la inconfundible sensación de felicidad que me invadía, cuando colegiala, tras cada confesión! Aun en la universidad, en una o dos ocasiones hice lo que llaman una confesión "abierta" con un jesuita a quien

conocía bien, y el sentimiento de estar bien con Dios fue una poderosa fuente de paz.

Pero luego vino la rebelión de mis años estudiantiles – mi fase "hippy", de la cual me sentí orgullosa – y de mi ira contra el statu quo y todo lo que a mi modo de ver obraba en contra de la paz y del amor. Me imaginaba que militaba por la paz, para acabar la Guerra de Vietnam – marchando, cantando, apoyando a los que se oponían a la guerra, y así por el estilo. Pensaba que podía mejorar la condición de los trabajadores agrícolas extranjeros mediante el boicot de uvas y el embrollo que eso causaba a los supermercados locales que las vendían. Traté de compartir todo lo que poseía, practiqué yoga, puse mi dinero en un fondo común con otros y aprendí a sentirme feliz en una comuna.

En realidad, nada de eso me trajo la paz. Hoy pienso que la razón por la que no encontré sosiego fue que lo esencial, o sea mi orientación básica, estaba equivocada. No es que aquellas causas no fueran, ni sigan siendo, causas buenas. Pero yo era mi propio dios; yo era la norma por la cual juzgaba mi vida y la de los demás. De una manera espantosa, pecaminosa y voluntariosa, era mi propio jefe, y confiaba en mi propia fuerza para todo lo que emprendía. Eso no funciona.

Con el pasar del tiempo descubrí un espíritu de paz totalmente distinto: la paz inherente a una fe que da por sentado el hecho de que somos débiles, que hace cara a nuestras debilidades y nos vuelve hacia Jesús, hacia el futuro reino de la paz de Dios. Con ello sentí como un enjuiciamiento; advertí lo egoísta que era y que en realidad carecía mucho de paz. Pero, al entregarle mi vida a Dios – no sólo a su amor sino también a su juicio – y dar de mí en servicio a los demás, he encontrado nuevas fuerzas y milagros de paz a diario.

Toda nuestra sociedad gravita en sentido opuesto a la percepción de la paz que tiene Kathy. Nos enseña la sociedad a interpretar el juicio como una afrenta, y nos educa a mantenernos al mando de cualquier situación. Por supuesto que preferimos la paz y el amor; nadie negaría que son excelentes; pero es algo muy diferente el detenernos, como acto de conciencia, a preguntarnos si los llevamos adentro en el alma propia. De eso no se habla.

Acaso sea por eso que no encontramos la paz muchos de los que la buscamos. Nos preocupa demasiado nuestra propia participación en la búsqueda. Carecemos de humildad y de sencillez, y en vez de volvernos hacia Jesús y pedirle su paz, nos inquieta el qué dirán, en otras palabras nuestra integridad ante los ojos de los demás. Nos olvidamos de que las Bienaventuranzas no exigen grandes santos que brillen ante la gente, sino personas humildes.

Pocos han comprendido esto mejor que Henri Nouwen, escritor que abandonó una ilustre carrera en Harvard, Yale, y Notre Dame para dedicarse al servicio de los impedidos.

> Hemos sido llamados a ser fructíferos — no exitosos, ni productivos, ni expertos. El éxito proviene de la fuerza, del estrés y del esfuerzo humano. Es cuando nos sabemos vulnerables, cuando admitimos nuestra propia debilidad, que damos frutos.
>
> Durante mucho tiempo, busqué firmeza y seguridad entre los sabios e inteligentes, apenas consciente de que las cosas del Reino son reveladas a los niños, y que Dios ha escogido — para avergonzar a los sabios — a aquellos que son necios según las convenciones humanas. Pero cuando experimenté la cálida acogida, sin pretensiones, de los que no tienen nada de qué jactarse; cuando recibí el abrazo cariñoso de personas que no hacían preguntas, entonces descubrí poco a poco que el verdadero retorno a nuestro hogar espiritual significa volvernos hacia los pobres de espíritu, a quienes pertenece el Reino de los Cielos.

¿Qué es lo que motiva a una persona a querer lograr tal pobreza de espíritu? Mi abuelo escribe:

Se trata de un conflicto entre dos metas opuestas. Una meta es llegar a ser la persona de posición elevada, la gran persona espiritual, inteligente, refinada, que por sus talentos naturales representa una cumbre, por decirlo así, en la cordillera de la humanidad. La otra meta es solidarizarse con los humildes, las minorías, los impedidos, los retardados mentales y los presos – es decir, los valles en que están los humildes entre las alturas de los grandes. Son estos humildes los degradados, los esclavizados, los explotados, los débiles y los pobres, los más pobres entre los pobres.

Aquella meta aspira a exaltar al individuo, en virtud de sus dones naturales, a un estado casi divino, hasta que, finalmente, se le adora como un dios. La otra persigue la maravilla y el misterio de Dios hecho hombre, de Dios que busca el ínfimo lugar entre los hombres.

Son dos rutas completamente opuestas: por una nos abrimos paso hacia arriba, a codazos, para enaltecernos; por la otra vamos hacia abajo para hacernos mujeres y hombres. Una es el camino de la egolatría y de la autoexaltación; la otra es el camino del amor de Dios y al prójimo.

Cuando recibimos el don de la paz que viene de vivir en este amor, no hay nada que seamos incapaces de enfrentar. Pensemos en Jesucristo en la cruz. He aquí la máxima vulnerabilidad, pero, igualmente, el supremo ejemplo de la paz de Dios. A pesar de todo lo que le hicieron, no sintió lástima de sí mismo, sino que se volvió hacia uno de los criminales a su lado y lo perdonó. De sus perseguidores, Jesús pudo decir: "Padre, perdónales, porque no saben lo que hacen". Y luego Esteban, el primer mártir cristiano, quien, mientras le apedreaban a muerte, se arrodilló y miró al cielo con cara radiante; él también dijo: "Padre, perdónales". No creo que tal serenidad, tal paz puedan lograrse mediante fuerza meramente humana.

IV

Puntos de apoyo

Es poco a poco que vamos adelantando.

Citado por Dorothy Day

Puntos de apoyo

Tan convencido estaba Thomas Jefferson de que la felicidad es un inalienable derecho humano que lo insertó en la Declaración de Independencia de los Estados Unidos de Norteamérica, llamándolo una "verdad evidente". Pero los cristianos tenemos esto que añadir: los que buscan la felicidad nunca la encuentran. Por ser tan elusivas la dicha y la paz, lo que llamamos felicidad es una ilusión, una quimera que desaparece tan pronto extendemos la mano para asirla. Dios no da la dicha y la paz a quienes las persiguen, sino a aquellos que lo buscan a Él y se empeñan en amar. La dicha y la paz se encuentran viviendo por el amor, y de ninguna otra manera.

John Stott

Por difícil que sea aceptarlo, la presencia de paz en nuestras vidas tiene poco que ver con los esfuerzos que hacemos para alcanzarla. Es un hecho que, a veces, la paz elude a quienes más van en pos de ella, mientras que otros que tal vez ni la busquen se tropiezan con ella como si fuera por casualidad. A la misma vez, la Biblia contiene muchos versículos como el de 1 Pedro 3:11, que nos amonestan a apartarnos del mal, hacer el bien y seguir la paz aunque tengamos que correr tras ella.

Estamos ante un dilema: ¿debemos procurar la paz activamente o no? Ese dilema nunca se resolverá por completo. La paz es tema muy extenso y profundo, y a nadie ayudamos tratándolo con planteamientos generales. De nada vale tampoco soñar con soluciones grandiosas: "salvar a la humanidad", "realizar la paz mundial"...A la mayoría de nosotros nos abruman otras cosas. Apenas salimos de casa nos sobran las obligaciones que requieren nuestra atención hoy mismo, por pequeñas que sean. Por eso creo que las palabras de John Stott contienen otra llave para encontrar esa paz, que es la siguiente: no vayamos tras ella porque nos trae serenidad; busquémosla mediante un amor activo. Pablo les sugiere lo mismo a los Romanos: "Esforcémonos por hacer lo que contribuye a la paz". Cada uno de nosotros es capaz de amar y, sin duda, en la vida todos podremos encontrar algo que hacer que contribuya a la paz.

Naturalmente, antes de poner manos a la obra debemos tomar una decisión. Las palabras de Jesús: "Mi paz os doy, no os la doy como la da el mundo", contienen una promesa. Pero también nos invitan a tomar una decisión: aceptamos la paz que Él ofrece, o le damos la espalda y elegimos la que da el mundo. Es una decisión entre muchas, pero me atrevo a decir que es la más crítica porque nos afectará en todas las esferas de la vida. Tarde o temprano, cualquier otra decisión que tomemos – de índole económica, personal, política o social – quedará afectada por ella.

Aun Jesucristo tuvo que elegir. Después de su bautismo en el río Jordán, el Espíritu lo llevó al desierto, donde el diablo le tentó. Ayunó por cuarenta días y cuarenta noches. Disminuido físicamente, vulnerable, debió entonces tomar una decisión: o zafarse y ceder a las maquinaciones de Satanás, o permanecer firme del lado de Dios.

La tentación asomará en las vidas de todos nosotros, aunque nunca sea tan agonizante como la que Jesús venció. Pero la fuerza moral de Jesús le hizo elegir el permanecer

fiel a su Padre. La victoria que eso logró es fuente de esperanza y fortaleza. Además, es un recordatorio de que todos
somos llamados a ser hijos de Dios.

Dios ha sembrado bondad.
Ningún niño ha nacido malo.
Todos hemos sido llamados a la santidad.
Valores que Dios ha sembrado en el corazón del hombre
    y que los actuales, los contemporáneos tanto estiman,
no son piedras raras.
Son cosas que nacen continuamente.

¿Por qué entonces hay tanta maldad?
Porque los ha corrompido la mala inclinación
    del corazón humano
    y necesitan purificación.

La vocación del hombre pues primigenia, original,
    es la bondad.
Todos hemos nacido para la bondad.
Nadie nació con inclinaciones a hacer secuestros;
nadie nació con inclinaciones para ser un criminal;
    nadie nació para ser un asesino.
todos nacimos para ser buenos,
    para amarnos,
    para comprendernos.
¿Por qué entonces, Señor, han brotado
    en tus campos tantas cizañas?
El enemigo lo ha hecho, dice Cristo.
El hombre dejó que creciera en su corazón la maleza:
    las malas compañías, las malas inclinaciones, los vicios.

Queridos jóvenes,
    ustedes que están en el momento
    en que la vocación se decide,
piensen que todos hemos sido llamados a la bondad,
    y que lo que está dejando a ustedes los jóvenes

esta edad madura,
a la que yo también pertenezco
— y tengo que lamentar dejarles en herencia
tanto egoísmo, tanta maldad —
ustedes renueven, trigo nuevo, cosechas recién sembradas,
campos todavía frescos con la mano de Dios.
Niños, jóvenes:
sean ustedes un mundo mejor.

Oscar Romero

Por fortuna, durante mi niñez y mi adolescencia tuve padres que me alentaban a pensar que todos hemos sido llamados a la bondad, como dice Romero. Para mis padres, la promesa de la paz que da Cristo no era un mero versículo en las Escrituras, sino una oferta muy real que ellos habían decidido aceptar. Ni Papá ni Mamá eran muy religiosos. Detestaban la más mínima beatería y a veces irritaban con su manera de ser, tan realista y auténtica. Pero nadie que los conocía hubiese negado que sus acciones correspondían a sus palabras, y que la alegría de su vida consistía en servir desinteresadamente a Dios y al prójimo.

Papá nos hablaba de la paz de Dios, y nos decía que esa paz es dada únicamente a personas que se apartan de las cosas terrenales. "Donde esté tu tesoro, ahí está tu corazón". Su padre, un conocido escritor y conferenciante de Berlín, había renunciado a su carrera en favor de una vida de pobreza franciscana. Cuando sus hijos todavía eran pequeños, les dijo que no les dejaría una herencia monetaria; su regalo para ellos sería el ejemplo de una vida centrada en Cristo.

Mis padres me dejaron el mismo legado, aunque no siempre supe apreciarlo. De hecho, cuando tenía trece o catorce años me rebelé deliberadamente. Según las normas de hoy en día, nada escandaloso hice; sabía cuáles eran los valores de mis padres y, de cierto modo, los deseaba también para mí. Además, sabía qué sacrificios ellos habían hecho para seguir a Dios. Mi madre había desechado la promesa de una carrera de maestra y directora de un prestigioso internado para varones. Pero yo quería divertirme primero, y cuando se trataba de elegir, prefería acompañar a mis amigos aun sabiendo que ello iba a causar pena a mis padres.

Entonces, Dios me paró en seco. Tenía catorce años. Nuestra familia acababa de mudarse de aquel rincón apartado del Paraguay donde yo me había criado, a la nueva comunidad de Woodcrest en Nueva York. Al llegar a los Estados Unidos nos encontramos en un ambiente general de optimismo – la economía estaba en auge; el resplandor de la "victoria" sobre Alemania y el Japón no se había apagado todavía. La Guerra Fría estaba en plena marcha, y mucha gente temía una catástrofe atómica. Al mismo tiempo, en los círculos que mis padres frecuentaban, la gente daba la espalda a los estériles triunfos de la riqueza y de la guerra, y buscaba algo enteramente nuevo: sencillez, comunidad, armonía, paz.

En cuanto llegamos a Woodcrest observé el fervor de esa búsqueda. Por la comunidad pasaban cientos de invitados, en su mayoría jóvenes de todos los orígenes imaginables. Algunas docenas se quedaron como nuevos miembros. Las preguntas que hacían me hicieron pensar como nunca antes. Entre esos nuevos miembros del Bruderhof se encontraban hombres y mujeres que sabían lo que es tener éxito en el mundo pero habían optado no obstante por desecharlo todo a cambio de dedicar sus vidas a Dios. Algunos habían vendido sus casas y automóviles, y abandonado buenos empleos para unirse a nuestra comunidad, tan pobre en bienes materiales. En su mirada, en sus palabras sentí la satisfacción y la alegría que eso les daba. Lo que yo había apetecido perdió importancia, y mis planes para lo que haría en mi vida después del secundario – universidad, dinero, independencia – empezaron a cambiar. Al poco tiempo me parecieron mezquinos e insignificantes: yo tenía nuevas metas y prioridades.

Es difícil determinar exactamente cuál fue el hecho principal que cambió mi rumbo. Aún recuerdo el día cuando informé a mis padres que había decidido vivir una vida diferente: que de ahí en adelante viviría para Dios y no para mí. No creo que tal decisión significara que me había convertido definitivamente, pero sí fue uno de esos hechos de experiencia que reforzaron mi busca de un verdadero propósito en la vida, y que contribuyó a profundizar mi fe.

Aunque en aquel tiempo no estuviera tan consciente de ello, los libros, sobre todo las obras de Tolstoi y Dostoievski, influyeron mi manera de pensar. Era un lector voraz; no consideraba esos libros lectura "religiosa". El conversar con Dorothy Day y Pete Seeger, cuando nos visitaron, también tuvo un gran impacto. Y pensándolo bien, me doy cuenta hoy del papel que desempeñaron mis padres. Eso no penetró mi conciencia hasta que vi las lágrimas en sus ojos cuando les hablé de mi nueva actitud (que fue de veras un "cambio de corazón"). Seguro que habían orado mucho por mí, y con ahinco.

Para aquel entonces, lo más importante fue tal vez la influencia que mi padre, en su función de pastor, tuvo sobre mí. Para tener la dicha y la libertad de un comienzo nuevo, yo anhelaba romper totalmente con mis conflictos egocéntricos. Así que mi bautismo, a los dieciocho años de edad, fue un acontecimiento decisivo. Mi vida pertenecería a Dios de ahí en adelante, por completo y para siempre. No podría ya dar marcha atrás.

Anteriormente cité a un rabino para recalcar su sugerencia de que la paz se construye "ladrillo a ladrillo". Es apta la imagen. Una conversación íntima, la lectura de un libro, una vivencia que nos conmueve (aunque no sepamos por qué), una decisión importante—ninguna sola, necesariamente cambiará el curso de nuestras vidas; pero, agregadas una por una nos hacen quienes somos. En última instancia, ésas son las cosas que, ora nos impiden encontrar la paz en el corazón, ora nos guían hacia esa paz.

He conocido a personas capaces de decirme el momento preciso de su conversión, y cómo se convirtieron. No dudo de su sinceridad. Pero la mayoría probablemente nos parecemos más al escritor británico, Malcolm Muggeridge, quien escribió:

> Hay quien tiene experiencias como la del apóstol Pablo en el camino a Damasco, y he rogado mucho por que me sucediera algo dramático que, por decirlo así, dividiese mi vida en dos épocas distintas: "antes" y "después". Pero eso no me fue concedido. Simplemente, como el peregrino de John Bunyan, he seguido adelante a tropezones.

Mi conversión tampoco aconteció de una sola vez, sino que fue todo un proceso. Mi ansia de algo nuevo vino primero, luego mi decisión de comenzar a vivir para los demás y, por fin, el bautismo. Cuarenta años más tarde todavía me planteo preguntas nuevas y encuentro nuevas soluciones—lo que me hace pensar en las piedras que, al pisarlas, nos sirven de apoyo para cruzar un riachuelo.

Cada uno de los capítulos siguientes trata de ofrecer uno de esos puntos de apoyo. No todos son lisos y firmes. Algunos, como la humildad y la confianza, implican riesgo y a veces, más que apoyos, resultan ser escollos. Sin embargo, en la senda hacia la paz, hay que pasar por todos.

Sencillez

No es el propósito de la vida formar parte de la mayoría, sino evitar el contarse entre los dementes...Recuerda que hay un Dios quien no desea que los seres humanos creados en su imagen le alaben o glorifiquen; más bien desea que, guiados por el entendimiento que recibieron, se le asemejen en lo que hagan. La higuera es fiel a su propósito, así el perro, también las abejas. ¿Será posible, pues, que el hombre no cumpla con su vocación? Pero, ay, estas grandes y sagradas verdades se borran de la memoria. El desasosiego del diario vivir, las guerras, el miedo irreflexivo, la debilidad espiritual, y la servidumbre a los hábitos las ahogan.

Marco Aurelio

Por lo general, el anhelo por la paz no emana de una noble busca de unión con Dios. Proviene de algo mucho más sencillo: de nuestro descontento con el ajetreo diario de la vida y el temor de que —como dice Marco Aurelio— nos estemos volviendo locos. Nuestra cultura se distingue por su frenesí. Nos obsesionan, dice Thomas Merton, la falta de tiempo y de espacio, el afán de ahorrar tiempo, conquistar el espacio y hacer conjeturas acerca del futuro. Nos preocupamos por "tamaño, volumen, cantidad, velocidad, número, precio, poder y aceleración". Vivimos "en los tiempos sin espacio, que son los tiempos finales".

Se nos cuenta por millones de millones; se nos amontona, organiza, cataloga; se nos marcha de aquí a allá, se nos cobra impuestos, se nos adiestra y arma…y nos asqueamos de la vida. Al acercarse el fin, no hay espacio para la naturaleza; las ciudades van empujándola de la faz de la tierra. No hay espacio para el silencio. No hay espacio para la soledad. No hay espacio para pensar. No hay espacio para prestar atención. No hay espacio para tomar conciencia de nuestra condición.

Peor aún, no sólo carecemos de paz—y de tiempo, espacio y lugar—para nosotros mismos, sino que, unos a los otros, nos impedimos de encontrarla.

En los últimos años, nuevos inventos y adelantos han transformado completamente el modo en que vivimos. La computadora personal, el telefax, el teléfono y alto-parlante inalámbricos, el correo electrónico y las demás comodidades de alta tecnología que ahorran tiempo han revolucionado nuestra vida en el lugar de trabajo y en el hogar. Pero, ¿nos han traído la paz y la libertad que prometen?

Sin darnos cuenta, en nuestro afán por abrazar la tecno-logía nos hemos entorpecido, si no es que nos han lavado el cerebro. Nos hemos encadenado a un sistema que nos presiona a gastar dinero en nuevos aparatos y trebejos, y hemos aceptado ciegamente el argumento de que, cuanto más duro trabajemos, más tiempo tendremos para hacer cosas más importantes. Es una lógica perversa. Cuando la pretensión de poseer el último modelo, siempre el último modelo, desde el "software" hasta el automóvil, nos somete a una carrera sin tregua; cuando nos consume el afán de no ser menos que los vecinos (aún a sabiendas de que eso es un gran error)—entonces ya es hora de preguntarse: ¿Qué hemos ganado? ¿Hemos encontrado más paz en la vida?

La verdad es que la creciente complejidad de la vida de hoy día sólo nos ha quitado la paz, y ha traído una bien disi-mulada—pero muy difundida—epidemia de nerviosidad, inseguridad y confusión. Hace más de medio siglo que el educador Friedrich Wilhelm Foerster escribió:

> La civilización técnica de nuestros días ha suavizado la vida por todos lados, pero hoy más que nunca la gente sucumbe indefensa a los golpes de la vida. Eso se debe sencillamente a que una cultura puramente material y técnica es incapaz de brindar ayuda en momentos infaustos. El hombre de hoy, absorto en lo externo de la vida, no tiene ideas ni fuerzas que le capaciten para dominar su propio desasosiego y fragmentación. No sabe qué hacer con el sufrimiento, cómo dedicarlo a un fin constructivo; lo percibe como algo que le oprime y exaspera, y que choca con su vida. Ese hombre no está en paz. Las mismas experiencias que pueden resultar en su reclusión en un manicomio, pueden prepararlo – si permanece activo en su fuero interno – para tener éxito en la vida.

En un reciente artículo sobre "Tendencias", la revista Time informó sobre una joven pareja que se mudó de la vecindad de gente rica donde vivía en Ohio, porque la mujer estaba harta de un lugar donde todo el mundo "se mata trabajando para llenar sus enormes casas con porquerías caras". "Serenidad, sencillez y un poco de paz mental", eso era lo que ella quería.

Al principio, la vida en el nuevo ambiente de un pequeño pueblo les pareció perfecta; pero no tardaron marido y mujer en tener serios problemas – el paro forzoso o desempleo hizo que aumentara la criminalidad y, además, entraron en disputas con algunos mojigatos, vecinos suyos de cortas miras. Decidida a no rendirse, la mujer se dio de lleno a la renovación de propiedades históricas y a asuntos del consejo escolar. Esto tampoco les satisfizo. Finalmente se les ocurrió una gran idea para lograr el estilo de vida serena que ansiaban: se mudaron a Nantucket y abrieron una casa de huéspedes. Pero, como la felicidad, tampoco siempre se logra la sencillez por esfuerzo propio nada más. No digo que ello carezca de mérito, pero el ansiar ser sencillos como un fin en sí puede ser frustrante. Si nos sentimos desilusionados con la vida materialista y queremos escaparnos de sus garras, ello exigirá algo más que un cambio de estilo de vida.

En la Europa de los 1920, el anhelo por una vida más sencilla iba a la par con deseos de autenticidad, comunidad, reverencia por la naturaleza y armonía con el Creador. Como la juventud de los sesenta, los jóvenes de aquel tiempo formaron cooperativas para vivir más entre sí y, aunque la mayoría rehuía el uso de lenguaje religioso, más cerca también de Dios.

Hoy, voces como las del escritor Wendell Berry, el "Thoreau" de Kentucky, subrayan la importancia de regresar a la naturaleza, de aprender a ser más autosuficientes y de "vivir una vida simple para que otros puedan simplemente vivir". En el sudoeste de Francia, Thich Nhat Hanh estableció la aldea "Village des Pruniers". Es una comunidad y centro para retiros compuesta en su mayoría por monjes, monjas y familias vietnamitas que demuestran por su ejemplo la íntima relación entre la sencillez y la paz.

Los que tenemos hijos, nietos o sobrinos pequeños no debemos olvidar que, en su sencillez, ellos también nos enseñan cosas importantes. A diferencia de los adultos, los niños tienden a abrazar lo esencial e inmediato. Derivan su mayor placer de las cosas simples y naturales. Viven en el presente y actúan espontáneamente según su corazón porque en sus mentes vírgenes no pululan planes, tretas, motivos e inhibiciones todavía.

La sencillez, por sí sola, no puede ser un fin. Sin embargo, es una meta que debemos perseguir cuando reconocemos que nuestras posesiones, acciones, designios y proyectos nos distraen de lo que realmente importa: la familia, las amistades, las relaciones mutuas fructíferas y una labor significativa. Esto es lo que nos entrelaza y une. Pasemos, entonces, más tiempo con nuestros hijos y menos con nuestros aparatos, trebejes, herramientas y juguetes. Dependamos más de Dios y menos de lo material.

Jesucristo pregunta: "¿De qué le aprovechará al hombre ganar todo el mundo, si pierde su alma?" A menudo he recurrido a esta pregunta tan sencilla, y en ella he encontrado paz. No es una amenaza que se cierne sobre nosotros, sino guía segura y recordatorio de nuestras verdaderas prioridades.

Silencio

La lengua es nuestra arma más poderosa y como tal la manejamos. Fluye de nosotros un torrente de palabras porque nos encontramos en constante proceso de ajustar nuestra imagen pública. Hablamos para rectificar la manera como otros nos juzgan porque tememos la opinión que – imaginamos – se han formado de nosotros. Si he cometido algún mal (o algún bien y pienso que tú puedas interpretarlo mal) y me entero de que ya lo sabes, me tentará el ayudarte para que comprendas mi acción.

Entre todas las disciplinas del Espíritu, el silencio es una de las más profundas porque le pone coto a toda autojustificación. Uno de los frutos del silencio es la libertad de dejar que Dios sea quien nos justifique. No hace falta que nosotros corrijamos a los demás.

Richard J. Foster

La incapacidad de quedarnos callados es uno de nuestros mayores obstáculos a la paz. Por cada vez que decidimos quedarnos callados y no entremeternos en asuntos ajenos, hay otra en la que nos inmiscuimos y tenemos algo que decir. Constantemente nos privamos de paz porque nos metemos donde no se nos ha llamado. Comentamos. Chismeamos. Y nos olvidamos de que se nos juzgará por cada palabra vana que pronunciemos. Podría parecer que el silencio "no es gran cosa" comparado con otros aspectos de la paz de que trata este libro. El escritor Max Picard observa que el silencio "es ajeno al mundo de la ganancia y de la utilidad. No se le puede sacar provecho, es improductivo; por lo tanto, se lo considera inútil. Sin embargo, el silencio ayuda más y remedia más que todo cuanto consideramos útil".

Cuando estamos solos, es fácil observar un silencio externo. (Interiormente, tal vez no estemos nada de callados; puede que nuestra mente zumbe con ideas y proyectos.) Cuando alguien nos acompaña, el silencio se hace más difícil. Significa algo más que no hablar – significa aprender a escuchar.

Se podría pensar que en el Bruderhof, donde casi diariamente nos reunimos para orar, atender asuntos de interés general, leer algo o intercambiar ideas, conoceríamos el valor del silencio. Tal vez lo conozcamos. Pero es asombroso hasta qué punto el deseo humano de expresarse, de pregonar opiniones, de que nos oigan, puede entorpecer diálogos provechosos.No reaccionar, no revisar, no añadir o exponer, ni tan siquiera responder, sino sencillamente escuchar, es un don. Cuando seamos capaces de quedarnos genuinamente callados, de escuchar de verdad, entonces Dios podrá hablar. Esto es una disciplina. La Madre Teresa nos enseña que lo que tenemos que decir nunca es tan importante como lo que Dios nos dice, a nosotros, y, por conducto nuestro, a otros: "Todas nuestras palabras son inútiles si no provienen de adentro. Las palabras que no llevan la luz de Cristo sólo aumentan la oscuridad".

Mucha gente considera el silencio como el adorno de una vida excesivamente severa, algo para monjes o monjas, para "religiosos". Y es cierto que muchas órdenes hacen votos de silencio. En nuestra comunidad, se pueden hacer tales votos voluntariamente y por corto tiempo, si alguien desea reafirmar su compromiso o como signo de penitencia. ¿Por qué ha de verse en sentido negativo? El silencio puede relevarnos de la obligación de responder, y puede ayudarnos a no ponernos nerviosos por pequeñeces. Entre los primeros cuáqueros, el culto y el ministerio ocupaban un segundo lugar; tenían menos importancia que la práctica en común del silencio, en lo cual veían ellos, no un fin en sí, sino una forma de aguardar a que Dios actuase. Sentían que el silencio sacaba a uno de sí mismo y hacia una esfera más elevada, por lo que era el estado más provechoso para llegar a la unanimidad, aun cuando se discutiesen asuntos que incitan a la disputa o hubiese opiniones encontradas. Si el hablar, buscar u orar no nos lleva a ninguna parte, el silencio puede permitirnos escuchar al Espíritu y descubrir una óución.

> El silencio ante Dios tiene profundo significado: en la calma de su fuero interno, el individuo se sumerge en el fuego central de la comunión. Las fibras más personales y fundamentales de la vida reciben su mayor estímulo en el culto de adoración…La silenciosa acción de respirar y el mudo diálogo del alma con Dios, por solitarios que sean, pueden ser actos de profunda comunión. *Eberhard Arnold*

A veces el silencio requiere la soledad física. Si vivimos o trabajamos cerca de otras personas – en una familia o en una comunidad muy unidas – es particularmente necesario hallar momentos para estar solos y quietos. Bonhoeffer dice que los que no pueden vivir en comunidad tampoco pueden vivir consigo mismos. Pero también es cierto lo contrario, que quienes no pueden vivir consigo mismos no pueden vivir en comunidad. Citemos otra vez a mi abuelo:

> Tal como inhalamos y exhalamos al respirar, necesitamos la soledad para reunir fuerzas en anticipación de las veces que estaremos con otros. Por lo que Nietzsche escribió acerca

de la vida de Zoroastro sabemos que el antiguo profeta a menudo se quedaba solo con sus animales. Salía a caminar en silencio entre esas bestias inteligentes, fuertes y nobles, aunque sumisas, y así recuperaba fuerzas para volver a tener trato con los hombres.

En cuanto a mí, creo que es importante sacar tiempo todos los días para estar solo, aunque sea por unos minutos nada más. Mi esposa y yo damos un paseo en silencio por la mañana cada vez que podemos, y nos parece que es bueno para enfocar la mente. Otros en nuestra comunidad también lo hacen: por ejemplo, una pareja anciana da un corto paseo todos los días antes de la cena, sencillamente para estar juntos en silencio y disfrutar del atardecer.

No debemos subestimar el silencioso y restaurador poder del aire libre, especialmente cuando atravesamos por un período de agitación o de aflicción. Todavía me parece oír a Ria Kiefer, una señora que conocía cuando niño, diciéndole a alguien que andaba con cara triste: "Freu' dich an der Natur!" ¡Da un paseo, disfruta de la naturaleza!

En su libro sobre la "liberación de pensamientos pecaminosos" *(Freedom from Sinful Thoughts)* mi padre escribió acerca del desprendimiento o sosiego interior—otro tipo de silencio. Se podría decir mucho sobre el desprendimiento o desapego; los místicos han escrito tomos enteros sobre el tema. Sin embargo, también se puede definir muy sencillamente como la tranquilidad que nace al desechar todo cuanto perturba nuestras mentes—la vocinglería en el puesto de trabajo, las distracciones que causa el formular proyectos, las preocupaciones por el mañana—antes de aquietarnos por dentro. William Penn, el cuáquero inglés del siglo dieciséis, nos explica por qué es esto tan importante:

> ¡Ama el silencio hasta en tu mente, porque para la mente los pensamientos resultan molestos, lo mismo que las palabras

para el cuerpo! Hablar mucho, al igual que pensar mucho, agota. Además, como en las palabras, en muchos pensamientos hay pecado. El verdadero silencio es el descanso de la mente, y es para el espíritu lo que el sueño para el cuerpo—nutritivo y refrescante. El silencio es una gran virtud: disimula la insensatez, guarda los secretos, evita las disputas e impide el pecado.

Todos conocemos la sensación de estar junto a alguien a quien amamos sin decir palabra, pero sintiéndonos completamente a gusto. Ahora bien, el silencio no siempre es fuente de paz. A veces, una ligera pausa en la conversación basta para hacernos sentir incómodos y buscar una contestación rápida que llene el silencio trastornante. Cuando algo no anda bien en lo interior de nuestro ser—ya sea un desacuerdo con otra persona o con Dios—el silencio puede llegar a ser intimidante.

Una señora a quien aconsejé por varios años, me cuenta que en períodos de inquietud vuelve a calmarse cuando lo deja todo de un lado y se calla interiormente.

Parece que, cuando no estamos en paz con nosotros mismos, se nos hace más difícil resistir al vacío, al vacío que resulta cuando no tenemos nada que de veras nos interese mirar u observar (en la televisión), leer (en el diario y las revistas), escuchar u oír (por la radio), o hacer. A veces, inclusive—que no por falta de interés—nos sentimos físicamente incapaces de hacer cualquier cosa. Intentamos distraernos de la intranquilidad que llevamos por dentro—penas, propósitos en conflicto, angustias, acusaciones, remordimientos, lo que sea—y nos turbamos más. Por mucho que queramos escapar de ese vacío, podría ser una bendición si lo aprovechásemos para el bien de nuestras almas. Pues hacer frente de tal modo a lo vacuo puede devolvernos la calma y ponernos más a tono con la voluntad de Dios.

Hace poco, Sophie Loeber, amiga de infancia de mi padre, me escribió algo parecido. "Muchas veces tuve que luchar por paz en mi vida", dijo, "pero el silencio me ayudó cada vez a sosegarme, y también para recordar que Dios nos tiene a cada uno en la palma de su mano".

Sophie era de los que vivían en el Bruderhof en Alemania cuando fue invadido y disuelto en 1937 por la Gestapo (policía secreta del Tercer Reich). Acorralaron a los hombres y les obligaron a estar de pie, en fila, a lo largo de un muro. Encerraron a las mujeres y a los niños en una habitación. Allí mismo donde estaban todos se les interrogó y se les anunció que tenían 24 horas para abandonar el lugar e irse de Alemania.

> Cuando los nazis nos obligaron a dejar nuestro querido hogar, no nos permitieron llevar nada salvo la ropa que llevábamos puesta. No obstante, cada uno de nosotros se llevó de allí, en el corazón, nuestro más grande tesoro – las alegrías y las penas, las luchas y las ocasiones de celebrar, todas las experiencias que vivimos durante tantos años. Nadie podía quitárnoslo aunque nos arrebataran todos nuestros bienes materiales. Aquello me llenó de paz y alegría.

Muchos años más tarde, Sophie y su esposo Christian perdieron dos hijos a causa de una rara enfermedad. Primero los muchachos se quedaron ciegos; luego se debilitaron mentalmente. Murieron cuando eran adolescentes, en pocos años. Sophie sufrió lo indecible. Le atormentó la duda pero poco a poco ésta enmudeció. Tras la duda surgió un silencio que le ayudó a hallar fe y paz.

> Una y otra vez me pregunté: ¿Por qué nos manda Dios esta prueba? Aunque acudíamos a Dios, mi desesperación a veces parecía insoportable…Sin embargo, más adelante, cuando por momentos pude ordenar mis pensamientos y recogerme en silencio, reparé en que todas mis preocupaciones y plega-

rias eran demasiado pequeñas y subjetivas. Nos habíamos aferrado, Christian y yo, a nuestro propio dolor, olvidando que al lado nuestro también había gente que sufría. Asimismo habíamos olvidado la promesa: "Buscad primero su Reino y su justicia, y todo lo demás se os dará por añadidura".

Veinte años más tarde, el cáncer le quitó a Sophie su esposo, y luego perdió a otro hijo (casado y con niños) en un accidente eléctrico. No cabe duda que Dios la ha puesto a prueba, pero ella afirma que sus sufrimientos le han enseñado a buscar el silencio interior y a "desapegarse de cuanto nos ata aquí en la tierra". Así, permitió a Dios que actuara Él, "que llenara mi corazón, y mis heridas empezaron a sanar".

Ahora que me acerco al ocaso de mi vida, el silencio se me hace aun más importante. "Estad quietos, y conoced que soy Dios", dice el Señor. Para que Dios nos llene por completo, hay que echar todo a un lado. Sólo entonces tendremos verdadera alegría y encontraremos paz.

Entrega

Las dificultades no deben deprimir ni desviarnos. Es tan grande la causa que se ha posesionado de nosotros, que las pequeñas debilidades individuales no pueden destruirla. Por lo tanto, te pido una sola cosa: no te preocupes tanto por ti mismo. Despréndete de todos tus planes y de tus metas. Te ocupan demasiado. Entrégate al sol, a la lluvia y al viento, como lo hacen las flores y las aves. Entrégate a Dios. No desees nada, excepto una sola cosa: que se haga su voluntad, que venga su Reino y que su esencia sea revelada. Entonces, todo estará bien.

Eberhard Arnold

La mejor garantía de no tener ninguna tranquilidad es enfocarnos constantemente en nosotros mismos. Es verdad que, para examinar la raíz de nuestra zozobra, debemos mirar hacia adentro, discernir nuestros motivos, hacernos preguntas que hemos callado por miedo a tener que contestarlas; pero, detenernos ahí es la muerte. Fijarse hacia adentro no es lo mismo que fijarse en Dios. Una vez que sopesemos nuestros problemas, entreguémoselos a Dios y sigamos adelante. Cuanto antes lo hagamos, más pronto tendremos la paz.

Hay quienes tienden constantemente a observarse a sí mismos, como si estuviesen ante un espejo, lo que les causa tensión innecesariamente. Otros, menos atentos a su estado interno, también viven en tensión porque no pueden olvidarse de sus viejas heridas. Para éste, el resentimiento es latente; para aquél, un deseo insatisfecho o una frustración aún insuperada.

Winifred Hildel, otra integrante de mi comunidad, atravesó por un período de profunda tristeza cuando su único hijo varón nació muerto (Winifred tuvo cinco hermosas hijas). No pudo desasirse de la pena que tal pérdida le causó. Culpándose a sí misma, se aferró a la idea de que tenía que haber cometido un mal muy grave, por más que su médico le asegurara que eso no era posible. Sólo años más tarde, al fiar a otra persona sus secretos temores, fue que Winifred pudo dejar de atormentarse y de acusarse a sí misma.

El persistente conflicto interior de Winifred es indicio de algo que causa angustia: indicio de los esfuerzos que hacen muchos para aceptar una tragedia por la cual se sienten responsables. Aunque, objetivamente, no sean culpables de su propio conflicto, la clave para resolverlo es la renunciación o entrega. Ser humilde es una virtud, reprocharse a si mismo no. No sana, sino que lleva a una introspección poco saludable.

Otra causa muy común de inquietud es nuestra incapacidad de dejar de dominar a otros. Como consejero familiar, he visto cuánto puede ello paralizarnos en el hogar, particularmente si así se define la relación entre padre e hijo. Mucho de la intranquilidad en hogares, sobre todo entre los padres y sus hijos adolescentes (inclusive sus hijos adultos) se podría resolver si los padres tan sólo los soltaran y dejaran su futuro en las manos de Dios. Mi madre, que era maestra, solía decir a los padres: "El mayor perjuicio que se le puede causar a los hijos es atarlos a uno. Hay que soltarlos. Si quieren atarlos, átenlos a Dios".

Las ataduras emocionales crean tensiones también fuera del hogar, sobre todo en el trabajo, en la iglesia y en organizaciones sociales. La tendencia a entremeterse, a dar consejos o criticar a otros, agota a mucha gente y hace la vida insoportable a los demás.

Tal vez la causa más difundida del desasosiego es sencillamente nuestra obstinación de querer dirigir el curso de nuestras propias vidas. Es natural que uno quiera tomar sus propias decisiones, pero, ¿sin dejarle a Dios lugar para que actúe? Si deseamos que su paz paute nuestras vidas, permitámosle que Él las dirija, anden bien o mal las cosas. Cuando pidamos: "Hágase tu voluntad", oremos con convicción.

En mi trabajo de autor y conferenciante me he topado ya varias veces con Molly Kelly – madre, escritora y conferenciante. A Molly se le conoce por su pericia en el tema de la sexualidad de los adolescentes, pero también comprende profundamente nuestro anhelo de paz y serenidad, y cuán importante es la renunciación para lograrlas.

Me crié en una familia católica con cinco hermanos y una hermana; mamá y papá nos querían mucho. No todo nos iba siempre bien, pero el amor era el pegamento que nos unía. Yo me fui a la universidad – y allí conocí al amor de mi vida: Jim, un joven y apuesto estudiante de medicina en Georgetown. Jim y yo comenzamos a salir juntos cuando yo estaba en segundo año, y nos casamos al año de graduarme. Según suele decirse, el nuestro era uno de esos matrimonios que se contraen en el cielo. Él me amaba, yo le amaba, y fue por nuestro amor mutuo que decidimos dejar que Dios planeara nuestra familia. ¡Qué generoso es Dios! Nos bendijo con ocho hijos en once años.

Pero hablábamos de paz interior, ¿verdad? Cuando pienso en esta palabra se me ocurre, antes que nada, cuánto la repite y manosea la gente.

Cierto día, hace veintidós años, mi vida cambió para siempre. Jim y yo habíamos ido a pasar el fin de semana con las tres parejas que eran nuestros mejores amigos. Ya que nuestros ocho hijos eran todavía pequeños, y debido al horario de Jim en el hospital donde trabajaba, no había sido en nada fácil poder irnos, conque nos sentíamos muy animados. Íbamos a pasar el fin de semana en un centro de recreo invernal en las montañas. Pero saltemos al acontecimiento que me hundió en una intranquilidad y una tristeza tales que penetraron en cada fibra de mi ser. Estas emociones permanecieron en mí durante años, hasta que dejé que Dios se me acercara y pusiera en el camino hacia la paz y la alegría.

Mientras yo hablaba con nuestras amistades más arriba de la pista de trineos, oí el ruido de un tumulto que provenía del final de la cuesta. Sabía que Jim acababa de bajarla en su trineo, pero, como no me había fijado en él, lejos estaba de suponer que aquel alboroto había surgido en torno a él. Entonces alguien gritó mi nombre, urgiéndome que bajara cuanto antes porque Jim se había lastimado. Resbalando, cayéndome por el camino y volviendo a levantarme, corrí hasta el final de la cuesta. Había ya mucha gente alrededor de Jim. Se hicieron a un lado. Me dejaron pasar. Me arrodillé a su lado. Semiconsciente, Jim sangraba profusamente. Para qué seguir enumerando detalles. Jim murió en ese accidente.

Me sentí destruida. Jim era mi mejor amigo, mi compañero y confidente, el padre de mis hijos, el arquitecto de nuestros sueños. No podía concebir la vida sin él. Nunca olvidaré el momento cuando llegué a casa y abracé a cada uno de los niños, a quienes ya les habían dicho que su papá había muerto. Nuestro hijo mayor, Jim, tenía doce años; Dan, el menor, catorce meses. Los que eran mayorcitos estaban pálidos y tristes, agarrándose unos a otros. Los más pequeños no sabían realmente qué ocurría. La casa estaba llena de gente. Había mucho ruido. También mucha, mucha comida. (Es curioso que la gente traiga comida para consolar a una familia enlutada.) Compasivo, Dios me protegió. Me rodeó de parientes y buenos amigos. Agradecí su amor profuso, pero estaba demasiado afligida como para dar gracias a nadie.

Estaba herida, figurativamente sangrando como Jim. Nadie podía curar mis heridas tampoco, por lo que se enconaron y me amargaron por años.

Por lo mucho que amaba a mis niños y porque me propuse que jamás deshonraría la memoria de Jim con descuidar su crianza, saqué fuerzas de donde no las tenía para asistir e instruir a nuestros hijos. Dos de ellos todavía estaban en pañales. Los niños viven en el presente, quieren que toda situación se resuelva y mejore de inmediato. Así, los demás volvieron a jugar al fútbol en la sala, a construir "casas" con los cojines de mi sofá, y a reclamar mi tiempo y probar mi paciencia. Tiempo tenía – tanto, que era como un peso grande que me abrumaba, aunque cada anochecer parecía que mis quehaceres domésticos nunca terminarían. Así se sucedían, como si se arrastraran, los días. Esperaba la hora de acostarme para quedarme dormida y poder olvidar, aunque fuese por un rato, que Jim había muerto. Paciencia tenía poca.

Nunca estaba sola pero no obstante sentía una increíble soledad. No fue hasta después, cuando me hube tranquilizado, que descubrí la diferencia entre soledad y estar sola. Todavía temo mucho la soledad, pero he llegado a valorizar los momentos cuando, a solas, estoy conmigo misma y con Dios.

Más tarde, algún tiempo después de que muriera su esposo, Molly se dedicó a una causa que a Jim le había preocupado mucho: el aborto provocado. Médico y católico, Jim creía que toda vida es sagrada y se había opuesto tenazmente a *Roe v. Wade.** Aunque nunca lo había declarado públicamente, Molly era de la misma opinión que Jim.

Nunca había hablado en público, y me atemorizaba mucho el hacerlo ahora, pero me dije: "Has sobrevivido lo peor, que fue la muerte de Jim. ¿Por qué tienes tanto miedo de hablar ante un público?"

---

* Fallo del Tribunal Supremo de los EE.UU., dado en 1973, que autorizó el aborto provocado en circunstancias determinadas.

Comencé por tratar el tema en las escuelas secundarias católicas del lugar. A los pocos años, ya hablaba en público a menudo. Organicé mi horario de tal manera que me fuese posible estar en casa por las tardes, a la hora en que los niños regresaban de la escuela.

Poco a poco me di cuenta de que no estaba llegando a la médula del problema. Me di cuenta de que necesitaba hablar de lo que de raíz es causa del aborto, es decir, de los embarazos no deseados, y, por ende, de las relaciones sexuales disolutas. Así, pues, comencé a hablar sobre la responsabilidad en lo sexual, que yo llamo castidad. Ahí empezó a resurgir, en las escuelas, la enseñanza de la abstinencia sexual, y me inundaron de invitaciones para que hablara en público. Se me pidió hablar en escuelas, salas de conferencia, y en tantos otros lugares que me sentí abrumada y ya no sabía cómo seguir.

Algunos amigos me aconsejaron que redujera mis compromisos, pero yo sentía que Dios me había llamado a esta misión de hablar en público, y no iba a abandonarla. Pero algo tenía que ceder. Entonces me di cuenta de que yo era quien tenía que ceder. Tenía que dárselo todo a Dios, entregarme a él, y no estaba acostumbrada a eso. En mi casa mandaba yo; era la madre de ocho hijos, y donde manda capitán, no manda marinero. Yo compraba la comida, cocinaba, lavaba la ropa, ayudaba a los niños con sus deberes, iba a sus obras teatrales y sus partidos de béisbol, era presidenta de la asociación de padres y maestros. La palabra "sumisión" no formaba parte de mi vocabulario. Pero, lo que yo no había comprendido era que entrega a Dios no significa rendirse sino entregar. Yo tenía que entregarle mi afán de dominar, mi intranquilidad, mi soledad, mi agobio – y hasta mis hijos – a Dios. Y, por doquier que pude en mi vida, esa entrega me trajo muy pronto una paz casi palpable.

Percibí al Espíritu Santo de un modo nuevo. Fue algo que me sucedió por primera vez desde que recibiera, cuando niña, el sacramento de la confirmación. Yo me había criado rezando a Dios, y me los imaginaba al Padre y a Jesús, pero el Espíritu Santo sólo había venido para mi confirmación y se había ido volando. Al entregarme a Dios (y debo agregar que esto requiere un esfuerzo diario) comencé a comprender que el Pentecostés — el descenso del Espíritu a nuestras vidas — es un suceso continuo.

Molly ha hablado a más de un millón de adolescentes, "mi gente favorita en todo el mundo", y a miles y miles de padres. Recientemente dirigió sus palabras, en Roma, a una asamblea de seis sacerdotes, así como a una reunión de cincuenta cardenales y obispos en California.

Mis proyectos y compromisos pueden parecer abrumadores, pero ya no me agobian. Mi paz es profunda. Es una serenidad que parece haberse instalado hasta que llegue al fin de mi jornada, siempre y cuando siga yo renovando mi total entrega a Dios. Acepto hablar en público cuando puedo y cuando creo que Dios lo quiere. Cuando no, digo que no. ¿Acierto siempre? Lo dudo. Pero me da confianza saber que Dios nunca nos quita su don de paz si de continuo le entregamos nuestras vidas, aunque fracasemos de vez en cuando...

He llegado a comprender lo siguiente: la paz verdadera nace en mí únicamente cuando me entrego a Dios. En la guerra, entregarse significa perder, capitular. Empero, entregarse a Dios es vencer, confiarle la vida a Él. Comienzo cada día yendo a misa, y ruego a Dios que me ayude a mostrar su presencia a todos los que crucen por mi camino en el curso del día y, más importante aún, que me ayude a reconocerle a Él en ellos. Luego saco mi bandera blanca, que sólo Dios puede ver, y la agito para hacerle señas y dejarle saber que hoy me entrego, una vez más, a su voluntad. Es un ejercicio diario que afianza mi vida espiritual, y les aseguro: Dios siempre me brinda su alegría y su paz.

¡Son tantas las mujeres y los hombres que persisten en esforzarse – y con mucho tesón siguen ahí y ahí – no importa que
se sientan totalmente agotados, sencillamente porque no
quieren "dar su brazo a torcer" si se rinden a Dios! Se empecinan en dominar sus propias vidas, cueste lo que cueste. Se
comprometen aquí y allá demasiado. Luego necesitan días
libres para recuperarse. Constantemente ajustan su horario
y reestablecen prioridades. Oran, trabajan duro, tratan de
ser humildes, atentos en casa y pacientes en el trabajo. Y
con todo, al final del día no han logrado verdadera paz.

Hace poco, alguien me preguntó cómo mantengo, de
día en día, mi equilibrio. "¿No te vuelves loco, preocupándote por todas las almas que cuidas?" Servir como pastor
es siempre un reto y, como anciano mayor de una iglesia
de más de 2.500 almas, muchas son las veces que no me
siento apto. Gracias a Dios, puedo contar con el apoyo de
una decena de hermanos ministros para guiar las congregaciones por las cuales soy responsable; y desde hace más
de treinta años tengo a mi lado mi fiel esposa. Aun así, hay
días en que las preocupaciones me oscurecen el horizonte;
a veces, desde el punto de vista humano, ciertas situaciones
parecen ser completamente imposibles.

Es entonces, cuando creemos estar a punto de perder el
equilibrio, que Dios puede darnos paz y seguridad interior – siempre y cuando acudamos a Él. Tan pronto le
entregamos nuestros problemas, así como nuestro afán
de resolverlos según nuestro parecer, descubrimos que ni
siquiera la valla más alta es insalvable. Ya nos lo promete el
salmista: "Echa sobre Jehová tu carga y Él te sustentará".
Esto puede parecer demasiado simple para la mentalidad
moderna, pero para los que creen en Él es una promesa que
Dios siempre cumple.

Se dice que Christoph Friedrich Blumhardt, el "padre del socialismo religioso" de fines del siglo diecinueve, pastor de una parroquia grande, todas las noches se acostaba a dormir tranquilo mientras que su esposa Emilie, preocupada, se desvelaba. Le irritaba la capacidad que tenía su esposo de orar por sus feligreses, darse vuelta y quedarse dormido. Emilie, pues, le preguntó cuál era su secreto. "¿Será Dios tan impotente que, con preocuparme yo, eso ayudaría al bienestar de la parroquia?" contestó Blumhardt. "Cada día llega un momento en que sencillamente tenemos que soltar todo lo que nos acongoja y entregárselo a Dios".

En la correspondencia con Juan Segarra Palmer (traductor del presente libro*) se trataba de la distinción que hace Dietrich Bonhoeffer entre las "últimas y las penúltimas cosas", o sea, entre las cosas del Reino venidero y las que nos ocupan en este mundo aunque siempre con miras a las "últimas". Los recientes sucesos en la isla puertorriqueña de Vieques† dieron lugar a la conmovedora descripción de cómo recobró Juan la paz de su alma, una vez que pudo dejar sus preocupaciones en las manos de Dios:

> Con relación a nuestro diálogo sobre las "últimas" y las "penúltimas" cosas y cómo practicar la solidaridad sin caer en la trampa de "combatir el mal en el mundo con los medios del mundo" y de "agregar más mal al mal", perpetuando así el círculo vicioso, quiero mencionar una experiencia azarosa y muy aleccionadora que acabo de tener al respecto, relacionada con lo de Vieques.

---

* Véase el Prólogo de *Setenta veces siete: La reconciliación en nuestra sociedad*, de J. C. Arnold.

† Se refiere a las acciones de resistencia y protesta popular contra ejercicios militares llevados a cabo por la Marina estadounidense en la isla de Vieques, y reanudados en junio de 2000.

Te habrás enterado que el 4 de mayo se produjeron los desalojos de los que ocupaban las áreas de impacto y sirvieron de escudos humanos para detener el bombardeo. En el transcurso del día, mientras seguía el desarrollo de los acontecimientos, llegó un momento en que percibí que había perdido la paz interior. Gracias a Dios, pude salir a la pista a la hora de almuerzo y dar unas cuantas vueltas; la naturaleza siempre me ayuda a ponerme en comunión con Dios. Poco a poco, pude reconocer que mi intranquilidad se debía a mi falta de fe en que Dios estaba obrando en esa situación, a mi desesperación e impaciencia por ver los resultados, y a mi odio, no solamente por la injusticia y el abuso del poder, sino por aquellos que mi mente estaba enjuiciando como enemigos. Poco a poco, me reafirmé en mi esperanza de que la justicia y la paz triunfarían, y en mi confianza de que, aun en las peores situaciones, Dios está obrando. Y reconocí mi error en guardarles mala voluntad a las personas del lado de la Marina.

Pude regresar a mi celda para orar por media hora antes de ir al trabajo. Allí pude reconocer en mí mismo las cosas que les achacaba a los de la Marina, desde la disposición a insistir en mi criterio e imponerlo, hasta la tendencia a seguir la corriente del grupo y no oponerme a cosas que no están bien. Entonces pude orar por todos nosotros, para que todos nos arrepintiéramos de todo el mal que cometemos debido a nuestra ignorancia, nuestro afán de poder, nuestros temores y demás ataduras mentales, para que el Reino viniese para todos nosotros y fuésemos librados de lo que nos oprime y separa.

Esa noche, ya más fuerte en mi rechazo a la tentación del prejuicio y la mala voluntad, pude enfrentar la frustración de "no poder hacer nada", por estar preso. Al aceptar mi situación y darle gracias a Dios, pude comprender que la inmensa mayoría de los que apoyan a Vieques o que, si se enterasen, apoyarían, están limitados por sus circunstancias—obligaciones, distancia, empleos, etc.—y tampoco pueden hacer acto de presencia. Al igual que yo, están aprisionados.

También comprendí que aun así hay algo que puedo hacer, que mis limitaciones no son excusa para la indolencia o la indiferencia, sino una puerta que me abre a la solidaridad, a la necesidad de pedir ayuda cuando reconozco mi insuficiencia. Es por eso que estoy preparándome para correr un maratón por la paz para Vieques el 19 de junio.

Aquí tenemos una pista de 800 metros alrededor, o sea que son 52 vueltas para cubrir los 42 kilómetros. Las primeras 13 vueltas las voy a ofrecer en oración/meditación de purificación y arrepentimiento por todos los obstáculos a la paz que hay en mí. Las segundas 13 vueltas las voy a ofrecer en intercesión por todos los que luchan por la paz. Las terceras 13 vueltas las ofreceré por los temerosos, los indiferentes y los que desconocen la causa. Las últimas 13 vueltas las ofreceré por los "enemigos", para que todos seamos liberados de la ignorancia, la mala voluntad, la codicia y todo lo que nos separa.

Les pido a mis amigos que me apadrinen y, dentro de las prisiones de sus propias circunstancias, hagan lo que esté en su alcance por contribuir a la causa de paz para Vieques. ¿Crees que así se puede trabajar en las "penúltimas" al servicio de las últimas, o con las "últimas" como criterio rector?

Por más que nos esforcemos, nuestras fuerzas son insignificantes y nuestras soluciones viciadas. Entregarnos a Dios significa abrir el camino para que Él intervenga, porque sabemos que Él es todopoderoso.

Oración

El efecto de la oración es la unión con Dios. Si alguien está con Dios, está separado del enemigo. Por medio de la oración guardamos nuestra castidad, dominamos nuestro genio y nos liberamos de la vanidad. Nos hace olvidar injurias; vence la envidia, derrota la injusticia y trata de remediar el daño que causa el pecado.

Por medio de la oración se logran el bienestar físico, un hogar feliz y apacible, y una sociedad fuerte y ordenada. La oración escuda al viajero, protege al que duerme y da ánimo a los que velan. Te refrescará cuando estás cansado y te consolará cuando estás triste.

La oración es el deleite de los alegres y el consuelo de los afligidos. Es la intimidad con Dios y la contemplación de lo invisible. La oración es el goce de las cosas del presente y la sustancia de las cosas por venir.

Gregorio de Nisa

Hay momentos cuando nada puede darnos paz, salvo la oración. Aunque nos esforcemos por alcanzar la sencillez y el silencio, y por desprendernos de todo lo que nos causa intranquilidad, fuera o dentro de nosotros, aun así es posible que nos quedemos con un vacío por dentro que sólo Dios puede llenar. Y ya que Él no pasa a nuestros corazones si no lo invitamos, tenemos que pedirle que entre.

En el Salmo 130, uno de mis favoritos, las palabras "desde lo profundo grito a ti, Jehová", nos aclaran cómo debemos orar en los tiempos difíciles. Pensándolo bien, reflejan el espíritu en que debemos volvernos hacia Dios en todo momento: siempre—"en lo profundo"—estamos postrados, siempre necesitados de su ayuda y guía, y Él siempre está allí—en lo alto—firme, seguro y fuerte.

El filósofo judío Martín Buber dice que, cuando oremos, lo hagamos a voz en cuello como si estuviésemos colgando de una escarpa por el pelo, en medio de una tormenta tan violenta que seguramente nos quedan pocos segundos para que nos salven. Buber continúa: "Y, en verdad, no hay consejo, ni refugio, ni paz para nadie excepto si alzamos ojos y corazón hacia Dios y clamamos a Él. Lo deberíamos hacer en todo momento, porque en este mundo estamos en gran peligro".

Aunque dramática, la imagen que emplea Buber no es exagerada. En una cultura como la nuestra, donde el alcance de los medios de difusión es tan extenso que las noticias de fama, escándalo o catástrofe son capaces de parar en seco a millones de personas, nunca como ahora había estado el individuo tan propenso a caer en la trampa de amoldarse a las masas. Nietzsche se percató de esto hace más de cien años, cuando llamó la atención a los peligros que corre una sociedad en la cual los valores de las masas son tan poderosos que su influencia puede paralizar hasta la conciencia más resistente.

Sin una vida de oración activa, perdemos fuerza de carácter y sucumbimos fácilmente a lo que los sociólogos llaman el instinto gregario: nos volvemos fácil presa del temor al qué dirán, de la ambición y del afán por complacer a los demás. Sin oración, el roce constante con la gente alrededor nosotros y con sus opiniones va inundando nuestra vida interior, poco a poco, hasta que la ahogan por completo. Nos creemos dueños de nuestras vidas, pero en realidad ya no somos capaces de pensar—y mucho menos orar—por nosotros mismos. Una vez que perdemos nuestra relación con Dios, la vida consiste meramente, según Nietzsche, en "continuos ajustes a las diversas exigencias sociales e influencias colectivas".

La oración es la mejor defensa contra tales ataques violentos; es como una protección alrededor de la quieta llama que arde en el corazón. Y es más: cuando nos hemos ido por mal camino, es una disciplina vivificante que nos ayuda a recobrar el sano juicio y a retornar a Dios. Enfoca y dirige la mente hacia la fuente de paz.

Para mí, orar es disciplina que ha sido decisiva en ayudarme a mantener un sentido de paz y orden en mi vida. Tanto, que la oración o su ausencia, más que ninguna otra cosa, pueden decidir el resultado final del día. Como señala Bonhoeffer en su libro *Writings and Letters from Prison* (*Cartas y escritos desde la prisión*), el tiempo que malgastamos, las tentaciones a las que cedemos, la pereza en el trabajo—en términos generales, cualquier falta de disciplina, en nuestros pensamientos o en nuestras relaciones—a menudo tienen su raíz en nuestra indiferencia a la oración.

La oración no tiene que ser ceremoniosa. Para mi esposa y yo, es la manera natural de comenzar y terminar el día juntos; oramos todas las mañanas cuando nos levantamos y todas las noches antes de acostarnos. Algunos oran más, otros menos. Algunos se arrodillan; otros usan un libro de oraciones. Algunos hablan, otros no usan palabra alguna. Se dice que el pastor Blumhardt (a quien ya hice referencia), al final del día solía abrir su ventana y decirle buenas noches a Dios. Mientras nuestra oración sea genuina y no sólo un rito vacío, poco importa cómo la formulemos. Lo que sí importa es hacerle sitio, crear espacio para orar durante el día.

En medio del alboroto de la vida por fuera y de la negra desesperación por dentro, siempre es posible hacerse a un lado y esperar a Dios. Así como hay calma en el ojo del huracán y un cielo despejado por sobre las nubes, así también es posible abrir un pequeño claro—en la jungla de nuestra voluntad humana—para una cita con Dios. Él estará allí sin falta, aunque no podemos prever de qué manera o en qué circunstancias—se nos aparecerá, acaso tras nubes de gloria o vestido como un mendigo, o en la pureza del desierto, o en la miseria mugrienta del Soho londinense o del Times Square neoyorquino. *Malcolm Muggeridge*

Junto al pensamiento de Muggeridge, está el mandato bíblico de "orar sin cesar". Parece ser una idea bastante evidente para muchos de los que buscan a Dios. Dice Molly Kelly: "Antes, la oración significaba que a ciertas horas del día yo hablaba con Dios—por ejemplo, al levantarme por la mañana o antes de acostarme. Ahora sé que es una conversación que llevo con Dios a lo largo del día—inclusive mientras camino por el aeropuerto o cuando hago compras en el supermercado."

Para otros, ésta es una manera dudosa de pensar. ¿Cómo se ora todo el día? ¿Qué quiere decir "sin cesar"? James Alexander, un miembro del Bruderhof entrado en años, meditó sobre esto por largo tiempo:

He orado desde muy joven, pero no fue hasta que comprendí que la oración es una forma de vivir, una actitud constante, en vez de una acción a repetir sin ton ni son, que entendí lo que significa el orar sin cesar. La Oración de Jesús: "Señor Jesucristo, ten misericordia de mí, pecador," según la expone *El camino del peregrino* (la anónima obra clásica rusa), me ayudó mucho. Ahí se dice que, si algo podemos ofrecer a Dios, es la constancia de una oración como aquélla; pero no se trata meramente de una secuencia de palabras, sino que tiene que ser una actitud fundamental ante la vida.

El poeta Gerard Manley Hopkins dijo algo muy parecido en el siglo diecinueve:

La oración no es lo único que le da gloria a Dios, también el trabajo. Golpear un yunque, serrar un madero, pintar una pared, manejar caballos, barrer, fregar, todo le da gloria a Dios si, estando en su gracia, lo haces como tu deber. Comulgar dignamente glorifica a Dios de gran manera; pero comer con agradecimiento y templanza también. Levantar las manos en oración glorifica a Dios. Pero el hombre con la horquilla llena de estiércol y la mujer con un cubo lleno de comida para los cerdos también le glorifican. Tan grande es Dios que todo le glorifica si se hace con esa intención. Vive así, pues, hermano mío.

Cada uno de nosotros encuentra maneras diferentes de orar. Según varíen las circunstancias de la vida – sea por enfermedad, un nuevo empleo, una iglesia diferente, alguna crisis personal, o la vejez – así también puede cambiar la forma como oramos.

Para el joven Doug Moody (que hoy forma parte de mi comunidad) la oración no parecía tener mucho sentido. Le enfadaba lo que tenía por hipocresía de parte de su congregación de devotos. Crecía su desacuerdo con la iglesia de su juventud, particularmente por la cuestión del servicio militar, al cual se oponía como objetor de conciencia. Después del ataque japonés a Pearl Harbor, sus condiscípulos y profesores en la Universidad de Carolina del Norte elogiaron su decisión de negarse a ser recluta, pero no así su iglesia. El juez que lo condenó por evadir el servicio militar obligatorio era miembro de la misma congregación que Doug.

Allí estaba yo, sentado en un vetusto calabozo, acosado por los piojos, agobiado por la mala comida, con una ducha que no funcionaba y sin ropa limpia. Por suerte, mi madre pudo traerme jabón y una muda de ropa interior. Éste fue el período inicial y más difícil de mi sentencia, que alivió únicamente el escuchar, día tras día, lo que contaba un inmigrante alemán totalmente deshecho porque un vecino le había acusado falsamente de espionaje.

Luego, en prisión, me enteré por el periódico del Movimiento de Reconciliación que los mismos amigos menonitas que me inspiraron a no alistarme habían cambiado de parecer. Estaba furioso. Pero mi encarcelamiento me trajo una extraña bendición: gradualmente, gracias a que no fue mucho lo que me tocó sufrir—el aburrimiento y la suciedad, y el hecho de que nos trataran como cifras y no como personas—empecé a interesarme por aquel pobre preso al lado mío, y a descubrir la alegría que viene cuando vivimos por los demás.

Empecé a comprender lo que quería decir Thomas Kelly con la frase: "vivir en el eterno presente", porque entre los presos eran pocos los que no hablaran constantemente del tiempo que faltaba hasta su excarcelación. Vivían siempre en lo por venir. Cuando me decidí a vivir en lo presente, en el momento actual, y no en el día de mi liberación—ni en la próxima comida, función de cine u hora de dormir siquiera—conocí una nueva paz, hasta en la prisión.

Años más tarde, cuando su vida personal pasó por conflictos difíciles, Doug descubrió una nueva dimensión de la oración: "En vez de las distracciones a que se recurre habitualmente para escapar al desaliento o a la depresión, el tornarme simplemente hacia Dios y hacia mi vecino se convirtió en fuente de paz duradera y dio nuevo propósito a mi vida." Ahora, ya entrado en años, Doug dice que la oración ha adquirido una importancia, en su vida personal, aún mayor que antes.

Orar regular y reiteradamente, solo o con mi esposa—por la mañana, al mediodía, a la hora de acostarme, y de noche cuando me desvelo—se ha convertido en un salvavidas; es el único amparo contra los inevitables fracasos, las tentaciones, el descorazonamiento y los períodos de depresión por los que todos atravesamos en un momento u otro.

No siempre hay que usar palabras. Puede ser un silencioso abrirse a Dios en el transcurso del día, una mirada hacia lo alto, un momento o dos de silencio al recordar a alguien que está enfermo o abrumado por dificultades. A veces consiste en reflexionar sobre los diversos problemas y asuntos del día. Y por cierto incluye el pedir claridad para ver mis faltas, para reconocer dónde puedo haber ofendido a otros. La oración me ayuda a fortalecer mi compromiso con Jesús y con mis hermanos y hermanas. En todo esto hay paz—no la que da el mundo, sino la paz que da Jesucristo.

El teólogo suizo Karl Barth escribió cierta vez que, cuando juntamos las manos en oración, iniciamos un levantamiento contra el desorden del mundo. Si esto es cierto, y creo que lo es, entonces no debemos limitar nuestra vida espiritual a una sola esfera, y algo más que nuestros anhelos o propósitos han de constituir nuestras plegarias. Tal como la fe sin obras es la muerte espiritual, orar sin obrar es hipocresía. Pero aun sin obras, si nuestra oración ha de tener algún efecto en el resto del mundo, tiene que consistir en más que meras peticiones egoístas por la felicidad personal.

Doug intuye la importancia de incluir a otros en nuestras oraciones. Entre los primeros cristianos, y a lo largo de la historia de la iglesia y de sus mártires, verificamos el mismo pensamiento; y aquel otro, más radical aún, que nos manda Jesús: de orar por los que nos persiguen, así como por aquellos que nos han hecho o hacen daño por vía de chismes, calumnias, o cualquier otra cosa.

Nos engañamos a nosotros mismos si decimos que amamos a nuestros enemigos pero no oramos por ellos. Jim Wallis, fundador de la comunidad Sojourners, escribe:

> Mientras no oremos por nuestros enemigos, seguiremos viendo únicamente nuestro propio punto de vista—considerando nuestro propio sentido de rectitud—sin tomar en cuenta su punto de vista. La oración anula la disparidad entre "nosotros" y "ellos". Para usar violencia contra otros, hay que transformarlos primero en enemigos. En cambio, la oración transforma a los enemigos en amigos.
>
> Cuando, gracias a la oración, acogemos al enemigo en nuestro corazón, resulta difícil mantener la hostilidad que engendra sentimientos y actos de violencia. Hasta se podría decir que la oración sirve entonces para protegerle; debilita la propaganda y la política calculada para llevarnos a odiarlo y a temerlo. Y, si contribuye a disminuir la animosidad que sentimos por el adversario, la oración incluso puede convertirse en acto de traición. La oración ferviente por nuestros enemigos es un gran obstáculo a la guerra y a los sentimientos que conducen a ella.

Mucho se reza en tiempos de guerra o de crisis nacional, pero rara vez en ese espíritu, al menos en público. Recuerdo una ocasión durante la Guerra del Golfo, inmediatamente después de que nuestro país (los Estados Unidos) había lanzado por tierra un ataque total contra Iraq a principios de 1991. Dirigiéndose a la nación por las cadenas de televisión, el Presidente Bush imploró al público que dejara lo que estaba haciendo y orara por "nuestros muchachos" en el Golfo. Terminó su discurso con un fervoroso "¡Dios bendiga a los Estados Unidos de América!"

Supongo que, sin pensarlo dos veces, la mayoría de nosotros los estadounidenses nos detuvimos a cumplir con nuestro deber patriótico. Sin embargo, como dice Thich

Nhat Hanh en su libro *Love in Action* (El amor activo), es probable que en ese preciso instante millares de musulmanes iraquíes ofrecían, postrados ante Alá, plegarias por sus esposos e hijos. ¿Cómo iba a saber Dios a qué nación respaldar?

En el Sermón del Monte, enseña Jesús: "Bienaventurados son los que trabajan por la paz, porque ellos serán llamados hijos de Dios". Los que laboran por la paz deben ser mansos de corazón. Quienes tengan un corazón apacible, serán hijos de Dios. Pero muchos de los que trabajan por la paz no están en paz ellos mismos. Todavía albergan ira y frustración, y su labor no es realmente pacificadora...

Si queremos preservar la paz, tenemos que estar en paz con el mundo, con nuestros hermanos y hermanas. Si tratamos de vencer el mal con el mal, no somos pacificadores. El que dice: "Sadam Hussein es malo; hay que impedir que siga siendo malo", y luego usa los mismos métodos que Hussein ha empleado, es exactamente como él. Tratar de vencer el mal con el mal no es la manera de lograr la paz...

Jesús dijo: "Amad a vuestros enemigos...bendecid a los que os maldigan". Si examinamos profundamente nuestro enojo, veremos que aquel otro, a quien llamamos "enemigo", sufre también; una vez comprendamos eso, podemos aceptarlo y sentir compasión por él. Es esto lo que Jesús llamó "amar a tu enemigo". Cuando podemos amarlo, deja de ser enemigo. La idea de "enemigo" desaparece y la substituye el concepto de alguien que sufre mucho y necesita nuestra compasión. Amar a los demás puede resultar más fácil de lo que pensamos, pero hay que practicarlo. Si leemos la Biblia pero no llevamos sus enseñanzas a la práctica, no servirá para mucho.

Thich Nhat Hanh

Confianza

Confía en el médico, y toma su remedio
  en silencio y serenidad,
Porque su mano, aunque dura y pesada,
Es guiada por la tierna mano del Invisible,
Y la copa que ofrece, aunque queme tus labios,
Fue formada del barro que el Alfarero
Humedeció con sus lágrimas divinas.

Kahlil Gibrán

Desde muy joven se nos enseña que confiar es peligroso, y hasta cierto punto es así. Confiar significa arriesgarse. Confiar significa dar al otro el beneficio de la duda; exige estar dispuesto a hacerse vulnerable; significa saber que nuestra seguridad viene de un poder superior, que nuestra paz no depende de que lo tengamos todo bajo nuestro control. Confiar es rendirse a Dios por medio de la fe.

Contrario al sentir popular, confianza no es credulidad. No se trata de vivir impasible y contento, confiando en que todo marcha bien. Esa clase de "confianza" sería suicida en el ambiente de hoy. No obstante, las alternativas – ansiedad, desconfianza, sospecha – son igualmente mortíferas. Según señala el escritor menonita Daniel Hess:

> Es cierto que muchos trabajadores tienen seguro de enfermedad, que la semana laboral de cuarenta horas les deja tiempo para descansar, y algunos cobran salarios que les brindan cierto grado de abundancia; es cierto que la ciencia ha progresado como para hacer más seguras las herramientas y pronosticar los volátiles procesos de la naturaleza. Pero, a pesar de todo eso, estamos preocupados.
>
> La gente siente la tensión en sus entrañas. Les sudan las manos por el hábito nervioso de estar ocupados. Tienen

miedo de lo que podría pasar; sufren el pánico ocasionado por las adicciones y la depresión causada por desequilibrios químicos, por tener que aguantar demasiados jefes, demasiados compromisos y demasiados deseos no satisfechos.

Otros están inseguros en su trato con otros, agobiados por sus discordias, o se sienten denigrados por haber sufrido engaños. Con toda razón tienen miedo de pleitos, de competencia desleal, de reducción de plantilla y de adquisición por una empresa hostil.

Jesucristo mismo nos exhorta a que seamos inocentes y mansos como las palomas, y al mismo tiempo prudentes como las serpientes. Además, nos recuerda por medio de una simple pregunta que nuestra falta de confianza en Él y en Dios no nos sirve de nada: "¿Quién de ustedes puede, por más que se preocupe, añadir una sola hora al curso de su vida?" (Mateo 6:27)

Lamentablemente, los engaños, los chismorreos, las habladurías, que forman parte inevitable de la vida, hacen que muchas personas jamás se atrevan a confiar. Clare Stober, una mujer de negocios que hoy forma parte de nuestra comunidad, escribe:

Uno de los mayores obstáculos a la paz es la desconfianza. Adoptamos una actitud de reserva con la intención de protegernos a nosotros mismos y a los que amamos, y acabamos erigiendo muros de sospecha. Si alguien se aprovecha de nosotros o nos trata injustamente, nos apresuramos a suponer lo peor, ya no sólo en esa situación particular, sino de ahora en adelante. Tenemos miedo de confiar, porque la confianza nos hace vulnerables, y la vulnerabilidad nos parece signo de debilidad—cosa estúpida y simplista.

Creemos protegernos cuando nos negamos a confiar en otros, pero pasa lo contrario. La protección más grande es el amor, y brinda la más profunda seguridad. Cuando somos desconfiados, no podemos dar ni recibir amor. Nos apartamos de Dios, y nos aislamos uno del otro.

En la comunidad del Bruderhof como en cualquier grupo de personas muy unidas, la cercanía de nuestros hogares, y la visibilidad de la vida diaria de los miembros crean el potencial para un sinfín de pequeñas desavenencias causadas por conjeturas y chismes. Sin embargo, desde el comienzo de nuestra vida comunitaria ochenta años atrás, descubrimos que un compromiso mutuo a "hablar abiertamente" uno con otro puede conservar la paz genuina y la confianza.

"No hay más ley que la del amor". (Cf. 2 Juan 5–6) Amar significa deleitarse en los demás. ¿Qué significa entonces sentir enojo para con alguien? El deleite que sentimos en la presencia de nuestros hermanos y hermanas se expresa mediante palabras de amor. Es inadmisible hablar de terceros en un espíritu de irritación o de enojo. Nunca debe difamarse a un hermano o una hermana, ni criticar sus características personales, ya sea abiertamente o por medio de alusiones – y bajo ninguna circunstancia en su ausencia. Murmurar en el seno de la familia propia no es excepción.

Sin esta regla de silencio no puede haber lealtad ni comunidad. La única forma de crítica permitida es el hablar directamente a la persona en cuestión con absoluta franqueza. He aquí el servicio fraternal que debemos al hermano o a la hermana cuyas flaquezas nos irritan. La palabra franca entre dos personas profundiza la amistad mutua y no causa resentimiento. Sólo en el caso de que las dos no se pongan de acuerdo enseguida, será necesario que pidan la ayuda de alguien más en quien ambos confían. De este modo hallarán la solución que les una en el sentido más profundo y más elevado. (Mateo 18:15–16)   *Eberhard Arnold*

Han pasado muchos años desde que Ellen Keiderling se integró a nuestra comunidad, pero todavía recuerda la emoción que sintió al leer ese pasaje por primera vez y darse cuenta de que realmente se practicaba:

> Cuando primero llegué a la comunidad y descubrí que no se chismeaba—nada de habladurías a espaldas de otro—fue como si se me quitara un enorme peso de encima. De donde venía yo, chismear era un modo de vida. Como cualquier otra persona, yo me había preocupado por lo que la gente diría y pensaría de mí, pero nunca había examinado atentamente esas preocupaciones para darme cuenta de la carga terrible que representaban, y del daño que pueden causar en la vida de otros, año tras año. Y ahora—poder confiar en que, si alguien sentía en mí algo que no estaba bien, vendría a decírmelo—era como pisar tierra virgen.
>
> No siempre he cumplido mi promesa de hablar con absoluta franqueza, pero la confianza ha quedado; es suelo firme al cual siempre puedo volver.

¡Cuántas veces perdemos el sosiego simplemente porque no tenemos esa confianza! Sea cual fuere la razón, justificada o no, no nos atrevemos a creer que nos van a amar tal como somos, con todas nuestras debilidades y todas nuestras manías. Esto es precisamente lo que tenemos que aprender. En vez de desperdiciar la vida en temor y desconfianza, tengamos confianza, una y otra vez, en los demás, incluso en los que nos engañan.

Tener confianza en Dios es de igual importancia. Cierto autor describe a una mujer que estaba tan consumida por sus preocupaciones que, cuando se fue al cielo, lo único que quedaba de ella era un tembloroso montoncito de preocupaciones. Por cómico que pueda parecer, es una atinada descripción de muchas personas. Ojalá se dieran cuenta de que, confíen en Él o no, Dios siempre está ahí y los tiene en el hueco de su mano. Él conoce los secretos más profundos del corazón y sigue amándonos. Él sabe todo lo que necesitamos antes de que se lo pidamos. Por nuestra parte, sólo tenemos que venir ante Él tales como somos, como niños, y dejar que Él nos ayude.

Hay personas (madres encintas o que tienen hijos pequeños, por ejemplo) para las cuales es difícil tener esa confianza. Se alarman por todas las cosas terribles que leen o escuchan en los noticiarios: guerras y desastres, actos terroristas y criminalidad violenta. En verdad, hay motivo para tener tanto miedo por el futuro que se llegue a dudar si es prudente traer hijos al mundo. No es un temor nuevo.

Yo nací durante el bombardeo de Inglaterra en la Segunda Guerra Mundial. Todas las noches los aviones nos pasaban por encima. Dos veces las bombas cayeron muy cerca, una vez en nuestro terreno y la otra en una aldea vecina. Pero mucho más que los bombardeos, mis padres temían una invasión nazi. Para ellos, refugiados alemanes que se habían pronunciado abiertamente contra Hitler, y para nosotros sus hijos, una invasión podría haber significado la muerte. A mi madre ese pensamiento le causaba indecible angustia. Años más tarde, mi padre escribió a una pareja a quien aconsejaba:

Aunque hoy no vivamos en pavor de los bombardeos, nuestra época es una época de gran sufrimiento y de muerte. Es muy posible que muchos, incluso padres de criaturas, como lo son ustedes, algún día tengamos que sufrir por nuestra fe. Desde lo más profundo de mi corazón les ruego que confíen totalmente en Dios. Hay muchos pasajes espantosos en la Biblia, especialmente en el Apocalipsis de Juan. Pero aun ahí se dice que Dios mismo ha de enjugar las lágrimas de todos los que han sufrido. Debemos creer que Jesús no vino para condenar, sino para salvar. "Porque tanto amó Dios al mundo…". No se olviden nunca de este versículo: nos recuerda el inefable anhelo de Dios por la salvación de la humanidad entera. Al final, todos estaremos unidos con Dios. Tenemos que creer esto, para nosotros mismos así como para nuestros hijos.

A veces, gente que tiene legítima razón para temer ha recibido la más profunda serenidad del alma. Un enfermo incurable, un condenado a muerte, una víctima de accidente a punto de morir—tal vez no sea razonable esperar que ellos estén en paz. Sin embargo, cuando uno enfrenta a la muerte, se evaporan las preocupaciones superficiales que en otra situación le habrían distraído, y uno se ve obligado a dirigir toda su atención a lo que es eterno. La decisión es sencilla: o se empeña en dar con la cabeza contra la pared, como quien dice, y trata de evitar lo inevitable; o confía en Dios y se entrega a Él.

George Burleson, miembro del Bruderhof e íntimo amigo mío que sucumbió al cáncer después de una larga batalla, me escribió unos meses antes de morir:

> Desde que supe que tengo cáncer y me di cuenta de lo incierto de mi futuro, he aprendido que debo confiar total y absolutamente en la bondad de Dios. Es sólo cuando puedo lograr esto que desaparece mi ansiedad. La muerte nos llega a todos; estamos todos en igual situación en cuanto a morir se refiere, y ocuparse de un acontecimiento tan inevitable es malgastar el tiempo. Nuestra vida está en manos de Dios. Esto es lo que importa, y aceptarlo nos trae paz.

El escritor Dale Aukerman también dio testimonio del poder que tiene, para que logremos la paz, la confianza. Como en el caso de George, su calma no derivaba de haberse resignado a morir dentro de poco. Su amor por la vida continuaba sin merma, pero la proximidad de la muerte no lo desanimó ni lo trastornó: su confianza en un poder superior le dio fuerza para mantener el equilibrio.

El 5 de noviembre de 1996, me enteré de que tenía un tumor de ocho y medio centímetros de ancho en el pulmón izquierdo. Pruebas posteriores mostraron que el cáncer se había extendido al hígado, a la cadera derecha y a dos lugares en la columna vertebral. Supe que podía contar con vivir de dos a seis meses más, con una expectativa media de sobrevivir cuatro meses. Es asombroso cómo cambia uno de perspectiva cuando se entera de que, a lo mejor, le quedan sólo un par de meses. Cada día es más apreciado, cada relación íntima se vuelve más preciosa. Por la mañana pensaba en qué día del mes era – otro día que Dios me había dado. Miraba a mi familia, a mi hogar y a la creación de Dios, sabiendo que muy pronto se me acabaría el tiempo. En la ceremonia de unción celebrada poco después del diagnóstico, confesé que no había prestado suficiente atención a Dios. Fue a través del cáncer que Dios logró que le prestara más atención.

Cuando mi hermana Jane tenía catorce años, murió de un tipo de cáncer particularmente mortífero. Mi madre lo aceptó como la voluntad de Dios: Él decidió llevársela y ¿quiénes éramos nosotros, meros seres humanos, para poner su decisión en tela de juicio? Para algunos, adoptar ese punto de vista es un consuelo. Mi manera de ver las cosas es un poco diferente. Yo no creo que sea Dios quien manda el cáncer o las enfermedades del corazón. Cuando un conductor borracho choca con otro automóvil y mata a los pasajeros, no creo que haya sido la voluntad de Dios. Hay tantas cosas en el mundo que no corresponden a la intención de Dios, a lo que Él quiere.

Pero Él que hace frente a la muerte está con nosotros. ¡Cuántas veces Dios hace que las fuerzas de la muerte retrocedan, sin que nos demos cuenta! Cuando niño, me arrolló y por poco me mató una carreta de campo. Más tarde, casi morí de lo que tal vez fue envenenamiento con arsénico. En varias ocasiones, me he salvado por un pelo mientras manejaba…

Después de seis ciclos de quimioterapia, un régimen de suplementos nutritivos y las continuas oraciones ofrecidas

por una multitud de amigos, me hicieron otro examen que
mostró que el tumor en mi pulmón se había reducido a una
cuarta parte de su tamaño anterior. Dos médicos dijeron que
era un milagro. De una manera maravillosa, y contrario a las
probabilidades médicas, Dios había detenido mi muerte y
alargado mi vida.

En la epístola a los Efesios, capítulo 1, versículos 19–22,
Pablo habla de la infinita grandeza del poder de Dios, por el
cual resucitó a Cristo de los muertos y lo sentó a su diestra en
el cielo. Leemos que Dios sometió todas las cosas bajo sus pies;
es decir, Dios ha elevado a Cristo por encima de todo princi-
pado, autoridad, poder y señorío, y lo ha llevado a victorioso
dominio sobre todas las potencias rebeldes. El que murió y
resucitó es el vencedor sobre el cáncer, las enfermedades del
corazón, el SIDA, el mal de Alzheimer, la esquizofrenia y
el atropello y maltrato de menores. Es el vencedor sobre la
explotación de los pobres, la despreocupada destrucción de la
buena tierra que nos dio Dios, la locura de los gastos militares
y de las armas nucleares.

Sin embargo, podríamos preguntar, si Cristo ya ha logrado
la victoria sobre esas cosas, ¿por qué siguen siendo tan mani-
fiestas? ¿Por qué parecen tener un dominio tan extenso?
Pues, en toda guerra hay una batalla decisiva que determina qué lado saldrá ganando. A partir de ese momento, un
lado tiene asegurada la victoria total aunque el otro todavía
tenga soldados en el campo de batalla y continúe la lucha;
sólo es cuestión de tiempo hasta que queden derrotados por
completo.

Lo que esperamos en primer lugar no es ganar la vida
eterna después de la muerte. La esperanza que nos ofrece el
Nuevo Testamento es que vendrá el glorioso Reino de Dios,
y el invisible Señor resucitado aparecerá en su esplendor para
renovar y regenerar todo lo que Dios ha creado, y eliminar
todo lo que es malo y destructivo. Es decir, la historia será
vindicada. La historia de la humanidad llegará a su fin según

la voluntad de Dios. En el momento dado, será Dios quien asumirá el timón del curso de los acontecimientos, y quien introducirá la inconcebible grandeza del nuevo reino. Lo que esperamos, más que nada, es que se cumplan todas las promesas de Dios; y sólo en segundo lugar esperamos poder tener una pequeña parte en eso.

A lo largo de mi vida adulta estuve metido de lleno en actividades y testimonios por la paz. En estos últimos meses he apreciado muy particularmente aquellos pasajes del Nuevo Testamento que se refieren a la paz; por ejemplo, en el evangelio de Juan, donde el Señor resucitado aparece a los temerosos discípulos reunidos en el aposento alto, y les dice: "La paz con vosotros". Y aquel otro, en que pensé mientras me metieron en un túnel para hacerme la prueba de resonancia magnética, es de Filipenses: "...Y la paz de Dios, que supera todo entendimiento, custodiará vuestros corazones y vuestros pensamientos en Cristo Jesús". Isaías dice: "Tú guardas en completa paz a aquel cuyo pensamiento persevera en ti, porque en ti confía". (Is. 26:3) En el sentido bíblico, esa completa paz es más que tranquilidad de espíritu. Es la integridad de la vida y de las relaciones mutuas que se mantiene firme contra todo lo que pretende fragmentarnos y destruirnos. Es un don que nos sostiene aun cuando caminemos por las tinieblas.

Perdón

Un rabino les preguntó a sus estudiantes: "¿Cuándo, al amanecer, puede distinguirse la luz de la oscuridad?" Uno de ellos respondió: "Cuando puedo distinguir un chivo de un burro". "No", contestó el rabino. Otro dijo: "Cuando puedo distinguir una palmera de una higuera". "No", volvió a contestar el rabino. "Entonces, ¿cuál es la respuesta?" insistieron los estudiantes. "Cuando en la cara de cada hombre o mujer que mires, ves a tu hermano y a tu hermana", dijo el rabino. "Recién entonces habrás visto la luz. Todo lo demás sigue siendo oscuridad".

Cuento hasídico

Dada nuestra naturaleza humana, es una gracia si podemos ver al hermano o la hermana en cada persona que encontramos. Incluso nuestras relaciones con personas muy allegadas se empañan de vez en cuando – a menudo por nimiedades. Estar verdaderamente en paz con los demás requiere un esfuerzo. A veces se trata de ceder; otras veces, de ser franco. Hoy nos faltará la humildad de quedarnos callados; mañana el coraje de confrontar las cosas y de hablar con franqueza. Sin embargo, hay una cosa que no cambia: si queremos que haya paz en nuestras relaciones con otros, tenemos que estar dispuestos a perdonar una y otra vez.

En algún momento u otro, cada uno de nosotros ha sido herido, y cada uno ha herido a otros. Por lo tanto, tal como todos tenemos que perdonar, todos necesitamos que se nos perdone. Sin el perdón, no encontraremos la paz.

¿Qué significa perdonar? En mi libro Setenta veces siete, dedicado exclusivamente a este tema, indiqué que hay el perdón que ofrece Dios, y el perdón que nos damos unos a otros. Los dos son diferentes, pero están estrechamente relacionados. Si queremos conocer la paz que Dios da mediante su perdón, hace falta que primero perdonemos a los demás. Citando a mi padre:

> Dios nos manda perdonar para que podamos ser perdonados. Esto es importante para toda la vida, y más aún en la hora de la muerte. Los que tienen la seguridad de haber recibido el perdón de sus pecados, y de haber perdonado a los que los han ofendido, no sufrirán angustias cuando llegue la última hora.

Perdonar no tiene nada que ver con ser justo, ni con excusar un mal cometido; de hecho, bien puede tratarse de perdonar algo inexcusable. Cuando excusamos a alguien, pasamos por alto su falta. Cuando le perdonamos, aunque hubiera buena causa para aferrarnos a nuestro dolor, nos desapegamos de éste. Nos rehusamos a buscar venganza. Puede que el perdón no siempre sea aceptado, pero el mero hecho de ofrecer la mano en reconciliación nos salva del enojo y de la indignación. Aunque sigamos dolidos, estar dispuestos a perdonar nos libera del deseo de vengarnos de quien nos causó dolor. Además, puede reforzar nuestra determinación de volver a perdonar la próxima vez que nos ofendan. Escribe Dorothy Day:

> De la historia que nos contó Jesús acerca del hijo pródigo sabemos que Dios ayuda aun a los que no lo merecen... Habrá lectores que dirán que el hijo pródigo regresó arrepentido a la casa de su padre. Es verdad; pero, ¿quién sabe? Tal vez salió a parrandear y derrochar dinero el próximo sábado por la noche; quizás, en vez de ayudar en la finca, pidió que

lo enviaran a terminar sus estudios, provocando una vez más la justa indignación de su hermano…Jesús tiene otra respuesta para eso: perdonar al hermano setenta veces siete. Siempre hay respuestas, pero su intención no es siempre la de apaciguar.

Es notable: a veces quienes sufren las peores cosas en su vida son los más dispuestos a perdonar. Bill Pelke, de Indiana, un excombatiente de la guerra de Vietnam a quien conocí en una manifestación contra la pena de muerte, perdió a su abuela por un asesinato brutal; sin embargo, encontró sosiego al reconciliarse con la adolescente que la mató.

La abuela de Bill era una mujer sociable que daba clases de estudios bíblicos a los niños de su vecindario. Una tarde de mayo de 1985, abrió la puerta a cuatro muchachas del colegio que estaba a varias cuadras de distancia. Antes de que se diera cuenta, sus asaltantes la habían tumbado al piso. Minutos más tarde, después de saquear la casa, huyeron en un automóvil viejo, dejándola tirada en el suelo, donde se desangraba por las múltiples puñaladas recibidas. Bill recuerda:

Las muchachas fueron aprehendidas mientras se paseaban con sus amigas en el auto robado. Luego se les enjuició. A los quince meses del crimen se les dictó sentencia: a una de ellas le impusieron treinta y cinco años, a dos, sesenta años, y a la última, Paula Cooper, la pena de muerte. Me sentía satisfecho de que por lo menos una de ellas sería ejecutada. Si no, pensaba yo, es como si el tribunal hubiese dicho que mi abuela no importaba; en cambio, para mí ella había sido una persona muy importante.

Cuatro meses después de que condenaran a Paula, rompí con una buena amiga mía. Estaba muy deprimido. Para mí no había paz en ningún aspecto de mi vida.

Un día, mientras operaba una grúa (estaba empleado por la empresa Bethlehem Steel), pensaba por qué nada parecía salirme bien, incluso el asunto de mi abuela, y empecé a orar. "¿Por qué, Dios mío? ¿Por qué?" De repente pensé en Paula, aquella joven mujer—la más joven reo en el pabellón de la muerte en nuestro país—e imaginé que Paula exclamara: "¿Qué he hecho? ¿Qué he hecho?" Recordé el día en que la sentenciaron a muerte, y a su abuelo, presente en el tribunal, que gemía: "Están matando a mi nena". Tenía la cara empapada de lágrimas cuando lo escoltaron fuera de la sala...

Empecé a pensar en mi abuela, en la fe que tenía ella y en lo que dice la Biblia sobre el perdón. Recordé tres versículos: uno que dice que para que Dios te perdone a ti, tienes que perdonar tú a los demás; el segundo, donde Jesús le manda a Pedro a perdonar "setenta veces siete"; y el tercero, cuando Jesús crucificado exclama: "¡Padre, perdónalos, porque no saben lo que hacen!" Una adolescente que apuñala a una mujer treinta y tres veces no está en su sano juicio.

De repente, supe que tenía que perdonarla. Recé, en ese momento y ahí mismo, para que Dios me diera amor y compasión por ella. Esa oración cambió mi vida. Ya no quise que Paula muriera en la silla eléctrica. ¿Qué solucionaría una ejecución, para mí o cualquier otra persona?

Cuando llegué a la grúa, era un hombre derrotado y deshecho; cuando salí cuarenta y cinco minutos más tarde, era un hombre transformado.

Bill ha visitado a Paula varias veces, y ha tratado de transmitirle la fe de su abuela, sin sermoneo, mostrándole compasión sencillamente. Ya no sigue atormentado por la imagen de su querida abuela yaciendo apuñalada en el piso del comedor donde la familia solía celebrar muchas felices ocasiones. Naturalmente todavía siente el dolor; sin embargo, ese dolor va a la par con su determinación de conseguir que otras personas también se libren de la amargura que él ha conocido. "Mientras seguía odiando a esas muchachas, ellas seguían en control de mi vida. Una vez que decidí perdonarlas, quedé en libertad". Hoy Bill es un dedicado activista en el creciente "movimiento por una justicia restauradora". Viaja por todo el país con una organización que se llama "Viaje de esperanza: de la violencia a la reconciliación." Además, forma parte del grupo: "Parientes de víctimas de homicidio por la reconciliación". "El perdón," dice Bill, "es el único camino que lleva de la violencia a la restauración. Te salva de la carcoma del odio y te permite recobrar la paz contigo mismo."

A la mayoría no nos toca enfrentarnos de cerca con un asesinato, y mucho de lo que nos obsesiona es irrisorio en comparación. Aun así, a veces nos resulta difícil perdonar. Sobre todo si por un largo período hemos guardado rencor a alguien, cortarlo de raíz lleva tiempo y requiere un esfuerzo; así sea real o imaginada la herida, nos roe mientras lo abriguemos.

No es que se nos exija callar nuestras heridas. Antes bien, se paraliza a sí mismo quien, en su esfuerzo por olvidar agravios, los entierra en el subconsciente. Para poder perdonar una ofensa, tenemos que llamarla por su nombre. En caso de que no sea posible ni beneficioso enfrentar al hombre o a la mujer a quien nos esforzamos por perdonar, el mejor remedio será compartir nuestra pena con una persona de confianza. Pero hecho esto, hay que dejar todo atrás. De lo contrario, seguiremos resentidos para siempre, esperando una disculpa que nunca vendrá. Y quedaremos separados de Dios.

Mientras alberguemos rencor contra quien sea, la puerta hacia Dios quedará cerrada. Tan completamente cerrada, que no hay manera de llegar a Él. Estoy seguro de que muchas plegarias no son oídas porque el que está orando le guarda rencor a alguien, aunque no sea consciente de ello. Si queremos tener la paz de Dios en el alma, antes que nada tenemos que aprender a perdonar.   *J. Heinrich Arnold*

Desde luego, nosotros mismos debemos esforzarnos por que se nos perdone. Al fin y al cabo, a los ojos de Dios somos todos pecadores, aun cuando nuestra propia "bondad" nos impida admitirlo. Una leyenda acerca del hermano Ángelo, un monje de la orden de Francisco de Asís, ilustra ese problema.

Ha llegado la Nochebuena, y en la sierra el hermano Ángelo limpia su cabaña y la arregla para la misa. Hace sus oraciones, barre el fogón, cuelga la olla sobre el fuego y se prepara para recibir al hermano Francisco. En ese momento, tres bandidos aparecen en la puerta y piden comida. Asustado y enojado, Ángelo los despacha con las manos vacías, regañándolos y advirtiéndoles que los ladrones están condenados a los fuegos del infierno.

Llega Francisco, y nota enseguida que algo anda mal. Cuando el hermano Ángelo le cuenta de sus visitantes, Francisco lo envía al monte con un jarro de vino y un pan, a buscarlos y pedirles perdón. Ángelo se indigna. A diferencia de Francisco, Ángelo es incapaz de reconocer en aquellos hombres rudos a sus hermanos—para él son malhechores no más. Sin embargo, es obediente y sale a buscarlos. Al anochecer, luego de seguir sus pisadas en la nieve, los encuentra y hace las paces con ellos. Al rato, según la leyenda, dejaron su cueva y se integraron a la orden.

Gratitud

Vive tu vida de tal manera que el miedo a la
muerte no entre nunca en tu corazón. Cuando
te levantes por la mañana, da gracias por la luz
del alba. Da gracias por tu vida y por tu fuerza.
Da gracias por tu comida y por la alegría de
vivir. Y, si acaso no ves razón para dar gracias,
puedes estar seguro de que la culpa es tuya.

Atribuído al Cacique Tecumseh

El místico alemán Meister Eckhart dijo una vez que, si la
única oración que jamás hiciéramos fuera decir "gracias",
aun así sería suficiente. Si aplicamos su consejo superficial-
mente, podría resultar bastante fácil seguirlo. Pero darle las
gracias a Dios de todo corazón por todo lo que Él nos da, y
vivir cada día en un espíritu de gratitud, es tarea para toda
la vida.

¿Qué quiere decir "ser agradecido"? Escribe Henri
Nouwen:

> Es fácil dar gracias por las cosas buenas que nos pasan en la
> vida, pero ser agradecido por todo lo que nos pasa—lo bueno
> y lo malo, los momentos de alegría así como los momentos de
> tristeza, los éxitos así como los fracasos, las recompensas así
> como los rechazos—eso exige un duro trabajo espiritual. Sin
> embargo, sólo cuando podemos decir "gracias" por todo lo
> que nos ha traído hasta el presente, seremos personas agra-
> decidas en verdad. Mientras sigamos dividiendo la vida entre
> ocasiones y personas que nos agrada recordar, por un lado, y
> por el otro aquellas otras que preferimos olvidar, no podemos
> aspirar a la plenitud de nuestro ser, que es un don de Dios por
> el cual le debemos las gracias.

No tengamos miedo de examinar todo lo que nos ha traído hasta este lugar; y confiemos en que pronto veremos la mano de un Dios bondadoso en todo ello.

Dar gracias por lo malo que nos sucede en la vida es tan importante como estar agradecido por lo bueno. Nunca estaremos en paz mientras nos achiquemos ante cada apuro o cada situación que nos asuste o nos ponga los nervios de punta. Esto no quiere decir que tengamos que aceptar callados todo lo que nos suceda. Jesús mismo dice que debemos rogar: "No nos dejes caer en la tentación". Pero hay tantas cosas en la vida que están fuera de nuestro control, y nos atañe mirar las cosas que nos ponen a prueba como sendas oportunidades para crecer, más bien que obstáculos.

La filósofa francesa Simone Weil escribió: "Dios derrama constantemente la plenitud de su gracia sobre cada ser del universo, pero nosotros consentimos en recibirla en mayor o menor grado no más. En los asuntos puramente espirituales, Dios accede a todos los deseos. Los que recibieron menos, han pedido menos". Es un pensamiento fascinante.

Además, si al rezar decimos con sinceridad: "hágase tu voluntad", recibiremos agradecidos todo lo que Dios consiente en darnos. Aun a los hijos de Israel Dios respondió a veces con la vara del castigo; no fue sólo maná lo que les llegó del cielo. En cuanto a las cosas buenas – como lo son la familia, el alimento, la casa, los amigos, el amor, el trabajo – tenemos que admitir, si somos sinceros, que a menudo las damos por sentado. Las tratamos como derechos y no como dones.

Carroll King, otro hermano de mi iglesia, señala que justo cuando las luchas o los problemas más afligen a uno es que la gratitud puede cambiar por completo nuestra actitud ante la vida:

Cierta vez cuando me encontraba sumido en una profunda depresión, se me ocurrió que si buscara aunque fuese una sola cosa por la cual estar agradecido, éste podría ser el primer paso para sobreponerme a ella. Siempre se puede encontrar algo por lo cual sentirse feliz…En mi vida, he luchado mucho por librarme del miedo, de las preocupaciones. Pero hay gran alivio cuando uno confía sus problemas a las manos de Dios, y no sólo acepta las soluciones que Él estime mejor para uno sino que, sean cuales fueren, da gracias por ellas.

Los siguientes párrafos del sacerdote jesuita Alfred Delp demuestran una actitud muy similar; fueron escritos en 1944, en la prisión donde aguardaba su ejecución por haber denunciado a Adolf Hitler.

Vistas desde fuera, las cosas nunca han sido peores. Es la primera vez que entro en el Año Nuevo sin tan siquiera un pedazo de pan a mi nombre. No tengo absolutamente nada que pueda llamar mío. El único gesto de buena voluntad de que he sido objeto fue el de los carceleros cuando consintieron en ponerme las esposas un poco más sueltas; ahora puedo sacar mi mano izquierda. Las esposas me cuelgan de la muñeca derecha, así que consigo escribir. Pero tengo que mantener un oído pegado a la puerta—¡Dios me ampare si me agarran trabajando!

No se puede negar que me encuentro bajo la sombra misma del patíbulo. A menos que pueda refutar cada punto de las acusaciones, con toda seguridad me ahorcarán.

Sin embargo, en el altar de mi sufrimiento mucho ha sido consumido por el fuego, mucho ha sido fundido y se ha vuelto maleable. Es una de las bendiciones de Dios, y una de las señas de su gracia vertida en mi espíritu, que haya recibido tan maravillosa ayuda para ser fiel a mis votos. Él—estoy seguro—extenderá su bendición también sobre mi existencia física, tan pronto esté yo listo para la próxima tarea que Él desee encargarme. De esta actividad por afuera, y la intensificada luz por dentro, nacerá un nuevo entusiasmo para dar testimonio del Dios viviente, pues en verdad he aprendido a conocerlo y a sentir su presencia sanadora en estos días de prueba. El pensamiento: "Dios solo basta", es literal y absolutamente cierto.

Dietrich Bonhoeffer demuestra la misma certeza en una carta que desde la prisión le escribió a su prometida, María Wedemeyer, en la víspera de su ejecución: "No debes pensar que soy desdichado. ¿Qué son dicha y desdicha? Tan poco dependen de las circunstancias; más bien dependen de lo que sucede en el fuero interno del individuo. Estoy agradecido por cada día que te tengo a ti, y esto me hace feliz". Según mi experiencia, la raíz más común de la ingratitud no son los contratiempos, sino el malentendido de lo que es la felicidad. Ambos, Delp y Bonhoeffer, dicen que la presencia o ausencia de dificultades no tiene necesariamente que ver con nuestro estado mental o anímico. "Dios solo basta". Ojalá que este pensamiento despierte en nosotros la infinita gratitud que debería causar.

Nada podrá satisfacernos mientras nuestras expectativas egoístas nos dejen insatisfechos con nuestra suerte; de ahí el lugar común: "El pasto siempre es más verde al otro lado de la verja". Mientras nuestra visión esté limitada por las anteojeras de los propios deseos, no podremos ver lo que les hace falta a los demás; tampoco veremos el sinnúmero de motivos que tenemos para estar agradecidos. A un amigo que se sentía desdichado, mi padre escribió: "Siempre encontrarás razones para quejarte. Si quieres tener paz, tienes que estar dispuesto a abandonarlas. Te ruego: deja de concentrarte en tu afán de ser amado; es lo contrario del cristianismo".

Hace un año comencé a escribirme con William Marvin, un sacerdote anglicano en Alabama, cuando éste ofreció asistirnos en mandar ayuda humanitaria a Cuba. Pienso que a él le ha tocado más de su justa porción de sufrimiento; sin embargo, nunca le he oído quejarse.

Estaba a punto de morir. Era diciembre de 1960. Tenía treinta y cinco años de edad. Unos días antes, me habían operado del apéndice, que estaba gangrenoso. Temprano por la mañana me sobrevino la certeza de que me estaba muriendo y, con ella, el pánico. Tenía esposa, tres hijos, y estaba endeudado. Sentía que éste sería el fracaso máximo – morir y dejarlos a todos en la miseria. Entonces, una voz clara y penetrante me habló al oído: "¿Y qué? ¡Ni siquiera eres importante para ti mismo! ¡Sólo Dios!"

Muchas veces he meditado acerca de cómo Dios nos habla. En mi experiencia, Dios suele hablar en voz baja y con pocas palabras. El suceso que he relatado es la única vez que usó un tono severo; fue como un embate de agua fría en la cara. Aunque muy lentamente, me repuse.

Hubo otros momentos críticos en mi vida. Mi madre murió repentinamente cuando yo tenía ocho años. Poco más de un año después, mi padre se casó con una mujer mucho más joven que él. Nuestro hogar no resultó ser un hogar feliz. Mi padre era director de escuela, famoso por imponer estricta disciplina y altos requisitos académicos. Aplicó los mismos principios en casa. No me maltrataban físicamente, aunque en una o dos ocasiones mi madrastra me diera una bofetada. El sarcasmo y la burla eran sus armas predilectas. La regla era: "Lo que diga 'mamá' vale". Mi rebelión de adolescente consistía en no esmerarme más del mínimo necesario para aprobar las respectivas materias. Era ésta el área en que podía desafiarlos porque era muy importante para ellos. Tan pronto me gradué de escuela secundaria, me echaron de casa. Viví con unos tíos hasta llegar a la edad militar. Mis años en el ejército fueron intensos. Vi batallas, y vi a hombres morir. Fui herido. Una vez terminado mi servicio militar, entré en la universidad, aunque no tuve clara idea de lo que iba a hacer con mi vida.

Me casé, y pronto tuve dos hijos, una casa en el suburbio, una hipoteca, un automóvil y un empleo como cartero. A los tres o cuatro años me volví muy descontento. Después de mucha búsqueda interior y de pedir consejos, decidí hacerme sacerdote episcopal. Al cabo de dos meses en el seminario, fuimos a un retiro. Me sentí abrumado. Fui a ver al director del retiro, un monje de la Orden de la Santa Cruz, y le dije que me había equivocado: no era digno. Su respuesta fue: "¡Claro que no! No lo es ninguno de nosotros. Pero somos lo único que tiene Dios con qué trabajar".

Después de ordenarse sacerdote, William sirvió en varias parroquias, pero muy pronto se dio cuenta de que entendía su posición en forma muy diferente de como la entendían sus superiores. Al poco tiempo, lo relevaron de su cargo. Por un buen rato, no encontró nuevas vacantes: al fin y al cabo había declarado su oposición al rumbo que estaba tomando la Iglesia Episcopal. Finalmente, encontró un lugar en la parroquia anglicana donde sirve en la actualidad.

La tragedia siguió acechándole durante aquellos años. Su hijo menor murió en un accidente de tránsito; su mujer le fue infiel y abandonó el hogar, después de lo cual se divorciaron; su segundo hijo sucumbió al alcohol y a los treinta y cinco años murió de un derrame cerebral. Es cierto que también hubo satisfacciones: su hijo mayor llegó a ser un prestigioso abogado; su hija obtuvo un doctorado y desempeña una cátedra en la universidad de Notre Dame. William mismo encontró un círculo familiar entre afectuosos miembros de su parroquia. Con todo, su vida no ha sido nada fácil.

¿He encontrado la paz? Creo que sí. He cumplido con mis obligaciones hacia mis hijos, me estoy ocupando de la gente en mi parroquia, y pienso seguir haciéndolo mientras Dios permita.

Comienzo cada día recitando el Venite, con el cuarto verso: "Todos los confines de la tierra están en sus manos". Por la noche, recito el *Nunc dimittis* y las palabras que dijo Jesús en la cruz: "Padre, en tus manos encomiendo mi espíritu". Durante las horas que paso despierto, la llamada "oración de Jesús", una de las claves del misticismo ortodoxo oriental, está a menudo en mis labios: "Señor Jesucristo, Hijo del Dios viviente, ten misericordia de mí, un pecador". Cada vez que rezo esta oración, u otra de mi propia inspiración, me doy cuenta de que la misericordia de Dios no es nada menos que su amor. Y me siento acogido. Estoy agradecido sabiendo que he sido perdonado y aceptado.

Aún me falta una cosa por hacer: tengo que morir. Hasta entonces, aunque sí trato de planear las cosas de antemano, también trato de vivir cada día como si fuera el último.

No exagero: estoy convencido de que he estado en las manos de Dios desde el día en que nací. La muerte de mis hijos, la infidelidad de mi esposa a sus votos matrimoniales — esas cosas no sucedieron para templarme. No. Suceden porque el mundo es imperfecto. Hace veintiún años — había perdido mi posición en la iglesia, mi hijo menor había muerto, mi esposa (a punto de dejarme) se recuperaba de un ataque al corazón y yo trabajaba sólo diez horas por semana — un amigo me preguntó si no me sentía como Job. Le dije: "Bueno, todavía no he padecido llagas purulentas". ¡Y no las sufro, hasta el día de hoy!

Hoy fui, como todos los viernes, a la cabecera de un médico jubilado. Se está muriendo. Tres hijas se le han muerto de cáncer. A su esposa la operaron de cáncer hace unos años. Los domingos le llevo la comunión. Él no es el único feligrés a quien le ha sido dada la gracia especial de sufrir. Casi todo el mundo ha sufrido alguna que otra aflicción. Mencionaré a una persona más, una joven madre que sufrió quemaduras de tercer grado en más del cuarenta por ciento de su cuerpo. Su esposo la abandonó, y ella sola cría a sus tres espléndidos hijitos. Lo hace muy bien. Que Dios me haya permitido conocer a personas como éstas y compartir mi vida con ellas ha sido de gran provecho para mí. Me ha traído la paz de Dios "que sobrepasa todo entendimiento".

Honradez

Te creías indiferente al elogio por éxitos que tú mismo no habrías estimado como tuyos; o que, si hubieses sentido la tentación de sentirte halagado, siempre habrías recordado que el elogio recibido sobrepasaba por mucho lo que los hechos justificaban. Te creías indiferente — hasta que sentiste el brote de tus celos ante los ingenuos intentos de otro por "hacerse el importante", y quedó expuesta tu vanidad.

Respecto a la dureza del corazón y su mezquindad, quisiera leer con los ojos abiertos el libro que mis días están escribiendo — y aprender.

Dag Hammarskjöld

Si alguien me pidiese escoger lo que, en esencia, más se necesita para tener paz interior, probablemente diría que es la honradez. Que se interprete como veracidad en un sentido general, como el conocimiento del propio ser, o como el coraje de llamar al pan pan y al vino vino, ser probo es premisa fundamental para la paz. Podemos esforzarnos y luchar hasta el último aliento para lograr la paz, pero no la encontraremos si no estamos dispuestos a exponernos a la clara luz de la verdad. La falta de honradez es uno de los mayores obstáculos en el camino hacia la paz, porque nos impide encontrar la justa y firme base sobre la cual apoyar nuestra búsqueda.

No me impresionan los que por fuera viven conforme a las normas del mundo, y por dentro viven su propia vida personal. Cuando llega el punto en que, cada uno con los pies bien afirmados, Dios tira por un lado y el diablo por otro, no hay árbol que pueda resistir la caída—menos aún si la conciencia trata de aserrar al través.   *Henry David Thoreau*

El primer paso para tornarnos hacia Dios (que es lo mismo que encaminarnos hacia la paz), es reconocer nuestra condición humana. Antes de siquiera poder anhelar encontrarnos en su presencia, hay que admitir que estamos muy lejos de Él. Y para eso, dice Thomas Merton, tenemos que darnos cuenta de que "la persona que creemos ser en ese momento es, en el mejor de los casos, un impostor y un desconocido...y constantemente hay que poner en duda sus motivos y penetrar sus disfraces"; de lo contrario, no sabremos nunca quiénes somos en realidad.

El conocimiento de sí mismo no es sino el primer paso. Por sí solo, no nos traerá paz; puede hasta alejarnos de ella, atrapándonos en una vorágine de introspección. Según mi abuelo:

> El egocentrismo es un espíritu de mentira. Es la enfermedad mortal por excelencia. La persona egocéntrica está mortalmente enferma; hay que redimirla.
>
> Aquellos que giran en torno de sí mismos ignoran el contenido objetivo del cristianismo; no saben que en realidad se trata de una causa por la que podemos olvidarnos completamente de nuestros pequeños egos.
>
> El egocentrismo lleva a una actitud hipócrita, a la afectación y a una falsa santidad. Quienes más peligran son los santos artificiales que tanto se molestan por ser buenos. Es en sus esfuerzos mismos que está arraigada su hipocresía.
>
> Concebir a Dios desde el propio punto de vista, y pretender que Él se ocupe de uno, es mirar al mundo por un lente engañoso. Yo no soy la verdad; y, porque no soy la verdad, no me está permitido colocar a mi propia persona en el centro de

mi pensar. Eso sería convertirme a mí mismo en un ídolo. Es Dios quien ha de estar en el centro de mi vida.

Debemos darnos cuenta de que la causa de Dios existe completamente fuera de nosotros. No sólo somos poco importantes, sino que somos prescindibles. Si somos honrados, tenemos que admitir que somos obstáculos, adversarios de Dios. Nuestra redención no podrá ni comenzar siquiera hasta que reconozcamos que en verdad es así.

Ser conscientes de quienes somos significa enfrentar asuntos que hasta ahora hemos esquivado; pero también significa volvernos hacia Dios. Desgraciadamente, la mayoría no hacemos ni lo primero ni lo segundo, y mucho menos lo tercero, porque tememos que se nos exija cambiar nuestra manera de vivir. Nos sentimos muy cómodos mientras estamos satisfechos de nosotros mismos. Ojalá nos diéramos cuenta de cuánto más profunda y más grande es la paz de vivir con una conciencia plenamente despierta.

Jeanette Warren, que pertenece a nuestra comunidad, me contó que cuando joven se dedicaba año tras año a crear un espíritu de paz en movimientos laborales, en organizaciones políticas, en cooperativas, en grupos estudiantiles o comunitarios; pero descuidó su deber primordial y vital: el de atender primero a la carencia de paz en su propia vida. Dice que todos sus esfuerzos sólo comenzaron a dar fruto cuando, después un profundo y honrado examen de conciencia, le fue posible admitir el verdadero estado de su vida. Y como Jeanette hay muchos.

Para tener paz interior, ser auténtico es tan importante como lo es conocerse a sí mismo. Sin esa autenticidad de carácter nos volvemos hipócritas; acomodaremos continuamente nuestra imagen a la manera como queremos que nos vean los demás. En el evangelio de Mateo, Jesús nos advierte específicamente contra eso; dice que no debemos aparecer santurrones ante la gente: "¡Ay de vosotros, escribas y fariseos hipócritas, que purificáis por fuera la copa y el plato, mientras por dentro están llenos de rapiña e intemperancia!" Va más allá aún. Dice: "¡Ay de vosotros, escribas y fariseos hipócritas, pues sois semejantes a sepulcros blanqueados, que por fuera parecen bonitos, pero por dentro están llenos de huesos de muertos y de toda inmundicia!" (Mateo 23:25–27) Refiriéndose a ese texto, mi padre escribió:

> Nunca usemos palabras religiosas si no las decimos en serio. Por ejemplo, si hablamos con admiración del discipulado pero resistimos sus exigencias, causamos daño a nuestra vida interior. Seamos auténticos, pues, y digamos lo que pensamos aunque nos equivoquemos, en vez de usar palabras correctas pero insinceras. La paz completa exige completa probidad. Si no llevamos la verdad en el corazón y no somos sinceros en nuestro amor, no podemos vivir en paz con nuestros hermanos.

La falta de sinceridad puede convertirse en un hábito. Una vez acostumbrados, nos volveremos engañosos también. Cuando se dé ese caso, hará falta un esfuerzo inteligente y decidido para deshacer las mentiras tras las cuales nos hemos escondido, y volver a ser honrados con nosotros mismos y con aquellos a quienes hemos engañado. Zoroastro, el antiguo profeta y poeta persa, compara esa situación con una batalla:

> Al mirar este mundo
> me da ganas de gritar:
> ¿Será mejor la verdad
> si hay tanta mentira?
> ¿No debería agregarme yo
> a su diabólica gritería?

Dios mío, no me abandones;
dame fuerza en esta prueba.
¡Y fortaléceme!
Atrás, pensamiento rebelde:
¡me tienes la espada en la garganta!
Sólo los que conocen la fuente de la vida,
del pozo eterno pueden tomar.
Sólo este refresco
es verdadero alivio.

Si Zoroastro parece exagerar la angustia de esta lucha, puede que sea por su gran elocuencia. La batalla entre la verdad y la mentira no se libra entre dos opuestos abstractos. Es una guerra entre Dios y Satanás, a quien la Biblia llama "el padre de la mentira". Recuerdo conversaciones con personas que pasaban por tiempos de crisis, y puedo afirmar que ésa siempre es una batalla dura, más aún cuando se cree que honradez es precio demasiado alto a pagar por la paz. Puede que tales personas al principio ni siquiera sientan la necesidad de luchar, porque están cegadas al hecho de que su vida ha sido una mentira.

En *Los hermanos Karamazov*, Dostoievski nos presenta un personaje así: Teodoro Pavlovich pregunta al "starets" Zósimo, en son de burla, qué debe hacer para alcanzar la vida eterna.* El "starets" le responde:

Hace ya mucho tiempo que sabe usted mismo lo que debe hacer; no carece usted de sentido; no se entregue a la bebida y a la intemperancia de lenguaje; no se dé a la sensualidad, y, sobre todo al amor por dinero…Y ante todo y sobre todo no mienta nunca…

No se mienta a sí mismo, sobre todo. El que se miente a sí mismo y cree su propia mentira, no es capaz de distinguir la

---

* Fedor Dostoievski, *Los hermanos Karamazov* (1998, Editorial Porrúa, México), página 28.

verdad, ni en sí ni en los demás. Y al no respetar a nadie, cesa de amar, y para ocuparse o distraerse, en ausencia del amor, se da a las pasiones y se entrega a groseros goces, llegando, en sus vicios, hasta la bestialidad; todo ello procede de la mentira continua para consigo mismo y para con los demás. El que se miente a sí mismo, puede ser su primer ofensor…Un individuo sabe que nadie le ha ofendido, sino que él mismo se infirió una ofensa; miente recargando a su placer el cuadro; de un montículo hace una montaña; lo sabe él mismo y, no obstante, es el primero en ofenderse hasta sentir placer en ello y experimentar una gran satisfacción ignorando que está pisando el camino de los grandes odios…

Shakespeare dice más o menos lo mismo:

Y esto sobre todo: contigo mismo sé sincero,
Y tal como la noche sigue al día, ya no podrás
    ser falso tú con ningún otro.

Dada la naturaleza humana, resulta más fácil repetir este famoso consejo que ponerlo en práctica. Aun la persona más recta no negará haber mentido ya en su vida, y no una sino muchas veces. La mayoría hemos caído en la falta de honradez cuando pequeños. A menos que se les enseñe a los niños sistemática y firmemente a decir la verdad, la mentira puede convertirse en un hábito cada vez más difícil de quitar. Cuando un niño de cinco años ratea una galletita, decimos que es normal, y tal vez lo sea. Pero si ese niño aprende a salirse con las suyas, es muy probable que, cuando adulto, no tenga escrúpulos en hurtar cosas de una tienda, cometer fraude en el pago de impuestos, o serle infiel a su cónyuge. Y los miembros de iglesias o sinagogas saben que la gente más "piadosa" es tan propensa a mentir como la que vive una vida mundana.

Sea como fuere, si anhelamos tener paz en el alma, hay una simple solución: revelar nuestras faltas a otra persona. La confesión, como rito u observancia, es asunto demasiado complejo para tratarlo aquí; pero admitir nuestros pecados para lograr liberación y sosiego espiritual no tiene por qué ser complicado. Una vez que reconozcamos la discrepancia entre la manera como queremos que nos vean los demás, por un lado, y nuestro verdadero carácter con todos sus defectos, por el otro, no tendremos paz hasta que hayamos reconciliado los dos. Sólo cuando hayamos compartido nuestras cargas secretas con otra persona, tendremos paz en el alma, por más que nos enmendemos y apartemos del mal cometido en el pasado. Por eso dice el Salmista: "No hay reposo en mis huesos a causa de mi pecado". (Salmo 38:3)

Desnudar el alma frente a una persona de nuestra confianza, es siempre un proceso doloroso. Pero, como veremos más adelante en este libro, no hay forma de escapar o evitarlo. Si queremos poseer la paz de Jesucristo, tenemos que aceptar la angustia que Él sufrió en la cruz. Y si no sentimos un honesto deseo por ese tormento, pero nuestro anhelo de Dios es vivo y profundo, Él puede preparar y renovarnos.

Acéptame, Señor mío; acéptame por este rato.
Permite que esos días que, como huérfanos, pasaron sin ti
    queden olvidados.
Sólo extiende este pequeño momento a lo ancho en tu
regazo,
    sujetándolo bajo tu luz.
He vagado en pos de voces que me atrajeron
    pero no me llevaron a ninguna parte.
Permite que ahora me sienta en paz
    y escuche tus palabras

en el alma de mi silencio.
No apartes tu rostro de los secretos oscuros de mi corazón,
   sino ilumínalos hasta que se quemen
   con el fuego de tu amor.

Rabindranath Tagore

La paz se puede perder en un instante, sea por terquedad, engaño, orgullo, obstinación, o la falsa conveniencia de una salida fácil. Pero nunca es demasiado tarde para buscarla de nuevo, aunque nos haya eludido durante años. Sólo hace falta mirarnos a nosotros mismos con honradez y preguntarnos: ¿quién soy yo, no ante los ojos de la gente, sino ante Dios? Entonces no será difícil reconocer cuánto necesitamos a Jesucristo. En su verdad siempre hay paz.

Humildad

Cristo murió para evadir el poder, mientras los
seres humanos viven para desplegarlo. El poder
es la trampa más grande de todas. ¡Cuán terrible
es el poder en todas sus manifestaciones – la
voz alzada para dar un mando, la mano exten-
dida para agarrar, los ojos ardientes de deseo!
Mejor sería repartir el dinero, disolver las organizaciones, acostarse separados los cuerpos. No
hay paz ninguna, si no es en alzar la vista por
encima del tiempo hacia el más allá – como el
que desde la cima de una montaña observa un
paisaje lejano.

Malcolm Muggeridge

De todos los estriberones que llevan a la paz, puede que
la humildad sea el más difícil de reconocer. Humildad no
sólo es docilidad o mansedumbre, sino que exige vulnerabilidad, disposición a ser herido. Consiste en estar contento
de pasar desapercibido, de ser el último, el que menos
recibe. La humildad no ofrece nada según la paz que da el
mundo.

No fue coincidencia que la buena nueva del nacimiento
de Jesucristo – "Gloria a Dios en las alturas, y paz en la
tierra a los hombres de buena voluntad" – se haya anun-
ciado primero a los pastores. Tan contrario a la razón
humana considera el mensaje de Cristo la gente adinerada,
culta e instruida, que le resulta difícil acogerlo; en palabras de John O'Connor, el ya difunto cardenal de Nueva
York: "El mensaje de Cristo es lo opuesto a todo lo que

nos enseña el mundo acerca de poder y de gloria, de éxito, riquezas y prestigio".

Tampoco fue casualidad que Jesús escogiera a simples pescadores, y no a escribas, para acompañarlo mientras andaba enseñando por Judea. Cuanto menos pretensiones vanas se tenga, más inclinado se estará a aceptar la aparente necedad del evangelio y su paz.

Habría mucho que decir acerca de la humildad, pero nada reemplaza el practicarla de día en día. Cuando uno se abre a los demás, entonces descubre las ocultas bendiciones de hacerse vulnerable; y sólo cuando se acepta la derrota es que se aprende a recibir con agradecimiento la paz que trae la entrega de sí mismo. Es por eso que dice el Sirácida: "Todo lo que te sobrevenga, acéptalo; y en los reveses de tu humillación, sé paciente. Porque en el fuego se purifica el oro, y los hombres a quienes Dios acepta en el horno de su humillación. Confía en Dios y Él te ayudará; procede rectamente y espera en Él". (Eclesiástico 2:4–6)

¿Y cómo se llega a ser humilde? El antiguo cristiano Hermas,* en su obra alegórica, *"El pastor"*, compara a cada ser humano a un trozo de piedra que el Arquitecto ha escogido. Si es posible labrar y cincelar el bloque y hacerlo caber en una pared o muralla, se puede usar; pero, si no se logra rebajar lo que ese trozo tiene de arrogancia y terquedad, hay que rechazarlo. Cuando Jesús se despide de los discípulos, les habla de la rigurosa poda que cada uno tiene que sufrir si ha de dar fruto: "Yo soy la vid verdadera, y mi Padre es el viñador. Todo sarmiento que en mí no da fruto, lo corta; y todo el que da fruto, lo limpia, para que dé más fruto." (Juan 15:1–2) Ambas parábolas son fáciles de comprender. Pero si tendremos o no la humildad suficiente

---

* Hermas, esclavo romano del primer siglo de la era cristiana, autor del texto originalmente incluido en el canon del Nuevo Testamento.

como para someternos con gracia al cincel del picapedrero, o a la podadera del viñero – eso es un asunto diferente.

Mis buenos amigos Tom y Mónica Cornell, encargados de la granja que el El Trabajador Católico tiene en el estado de Nueva York, dicen que, en su experiencia, la paz de Dios, aunque libremente otorgada, no puede conservarse sin una "poda" continua. Oigamos a Tom:

> Es difícil hablar de las podas de uno, o de la manera en que Dios nos baja los humos. Jesús habló de un terrateniente que tenía plantada una higuera en su viña, y por tres años ya el árbol no daba fruto. Dio, pues, el terrateniente al viñador orden de cortarla, pero éste le persuadió: "Señor, déjala por este año todavía y mientras tanto cavaré a su alrededor y echaré abono, por si da fruto en adelante; y si no da, la cortas". (Lucas 13:8–9) De igual modo obra Dios con nosotros. Para que produzcamos, cava en rededor nuestro, y nos poda también; y a veces amontona el estiércol a nuestros pies.
>
> "¿Por qué a mí, Señor?" claman los que sufren un golpe duro; y yo también he exclamado: "¿Por qué a mí, Señor?" En cierta ocasión, Santa Teresa de Ávila, la gran reformadora de la orden del Carmen, cruzaba un río a caballo cuando su cabalgadura tropezó y la echó al agua. Ella se quejó a Dios. "Es así como trato a mis amigos", dijo una voz. "No me extraña que tengas tan pocos," contestó Teresa.

Tom tenía catorce años cuando murió su padre, y a los seis meses el dolor quebrantó a su viuda, la mamá de Tom.

> Un terror frío se apoderó de mí. Aquello no podía ser – ¿cómo íbamos a vivir? Pero, por extraño que sea pensarlo, y aún más decirlo, todo obró para el bien. "En todas las cosas interviene Dios para bien de los que le aman". (Romanos 8:28) ¿En esto también?…
>
> Mi madre, mi hermana y yo vivíamos frugalmente. Por trabajar mucho y gastar poco, pude terminar mis estudios

en un colegio jesuita. Más tarde, ya adolescente, trabajé en una fábrica donde aprendí valiosas lecciones. Mi trabajo de sesenta horas semanales consistía en ejecuciones idénticas y repetidas, de dos segundos cada una, llevadas a cabo en posición agachada, ni parado ni sentado, con ambas manos y un pie. Me pagaban a destajo. Nunca vi el producto final de mi labor y jamás sentí que lo que hacía tenía sentido alguno.

Di con mi vocación en el Trabajador Católico, y de ahí en adelante mi vida fue buena. Me enviaron a un proyecto de repoblación agrícola en el sur del país, y luego a proyectos del movimiento general por la paz, donde tuve el privilegio de trabajar con A. J. Muste y sus colegas del *Committee for Nonviolent Action* (Comité pro acción no violenta) y la *War Resisters League* (Liga de opositores a la guerra). En sus listas figuraban todos los nombres famosos del movimiento radical de la no-violencia. Yo quería aprender la práctica de la no-violencia y conocer personalmente a los dirigentes para que el Trabajador Católico pudiese aprovechar esos contactos. Quise ser un embajador para el movimiento y me recibieron como tal. Al rato llegué a ser considerado como una autoridad sobre temas de guerra, de paz y no-violencia...

A esas alturas, Tom Cornell comenzó a desarrollar tanto la práctica como la teoría de la no-violencia dentro del movimiento del Trabajador Católico.

La poda más severa es aquella en la cual uno ve deshacerse la obra de su vida. Eso es lo que, a mitad de camino, me pareció que me ocurría...El movimiento de la no-violencia perdía ímpetu. Ya antes del asesinato de Martin Luther King, los nacionalistas y separatistas negros lo habían eclipsado con su consigna: "por cualquier medio necesario"; elementos importantes del ambiente antiguerra abandonaron su pacifismo por "el imperativo de la revolución"; los activistas se apropiaron del término "no-violencia", pero sin hacer mención de los principios y prácticas gandhianas—y después de quince años en el trabajo quedé cesante.

Había sido un buen empleo. El Movimiento de Reconciliación es la más grande organización pacifista ecuménica e interreligiosa en el mundo. Me pagaban lo suficiente como para mantener a mi familia, brindar hospitalidad (que es esencial para un "trabajador católico") y cubrir los gastos de una modesta casa propia y un automóvil de segunda mano. Además, me daba acceso a un amplio campo de acción. Viajé por todo el país, la América Latina, el Medio Oriente y Europa; di conferencias sobre la no-violencia y traté de vigorizar la red de activistas. Anticipaba una jubilación que, con el tiempo, me permitiría trabajar por mi propia cuenta...en un campo de acción cada vez más amplio. Entonces todo se derrumbó. Eliminaron mi puesto y me fui al paro forzoso.

Siguieron tres años de trabajo independiente, de valiosa labor, pero Tom no podía ganarse la vida. Al final perdió la casa, lo que le partió el corazón.

Tener que irme del Movimiento fue un dolor grande. Fue una poda. Es un tanto irónico que el trabajo más importante y duradero por la paz que pude hacer después de la separación, fue el que hice en los años que pasé "en el desierto". A instancias mías, la Iglesia Católica en los Estados Unidos se comprometió a apoyar a cualquiera que se sintiera perturbado por el servicio militar obligatorio. Con la aprobación de los obispos y con su colaboración, me fue posible introducir en varias diócesis un programa de adiestramiento para consejeros sobre el servicio militar obligatorio. Al mismo tiempo, el arzobispo Oscar Romero, en su capacidad de presidente de la Conferencia de Obispos Centroamericanos, me asignó la tarea de colaborar en el movimiento por la paz en El Salvador. Poco después, Romero y dos religiosas norteamericanas que participaron en nuestro programa regaron la viña del Señor con su sangre. Todavía no me alcanzaban los medios para mantener a mi familia.

Dicen que, cuando Dios cierra una puerta, abre otra – pero no necesariamente enseguida. En mi desesperación, acepté por un año un empleo de maestro del octavo grado en una escuela pública. Esa poda fue desconcertante; parecía no tener ningún sentido.

A fines del invierno recibí una llamada telefónica del Congreso Católico de los EE.UU. (el brazo ejecutivo de los obispos norteamericanos)…Me invitaron a colaborar con cinco obispos en la redacción de una carta pastoral sobre la paz, a ser publicada en 1983. Habían invitado a montones de consultores del Pentágono y del Departamento de Estado… pero sólo tres pacifistas. ¡Y me preguntaron si podía ir yo! Por un momento se abrieron los cielos.

Más tarde, el *Area Council of Churches* (Concilio Regional de Iglesias) de Waterbury, Connecticut, me pidió que yo y mi familia ayudáramos en un comedor de beneficencia. ¡Qué felicidad, canjear a unos cien estudiantes de octavo grado, enloquecidos por sus hormonas, por trescientos alcohólicos, drogadictos, incendiarios, pillos, asaltantes y asesinos – y un número aún mayor de personas cuyo crimen era, sencillamente, el de ser pobres! Yo podía darles algo que ansiaban: un plato de sopa y una sonrisa. Y ellos me acogieron en su vida. Si no fuera porque me podaron de mi respetable puesto, tal vez me habría convertido en un "burócrata de la paz" – pero mis rateros me ayudaron a conservar la honradez.

Ahora, mi esposa Mónica y yo estamos de vuelta en la "comunidad madre" del Trabajador Católico. Puedo escribir, dar conferencias y viajar, un hombre disminuido, en el sentido de que me despojaron de mis ilusiones de grandeza. ¡Qué ingenuo y presumido había sido yo de pensar que, aquí en Norteamérica, por mis propios esfuerzos, se formaría una extensión de la labor que Gandhi hizo en la India!…

Cuando joven, quise realizar grandes cosas. Luego conocí a Dorothy Day, y cuando la oí hablar por primera vez, dijo algo como: "No pienses en el día de mañana, echa toda cautela al viento". Dijo: "Hay grandes metas por cumplir y, ¿quiénes lo harán sino los jóvenes? Pero, ¿cómo lo harán si no piensan más allá de su propia seguridad?"...Y es un hecho que, a pesar de todo, logramos grandes éxitos, ya sea por suerte o por la gracia de Dios.

Tomamos parte en el desmantelamiento de la segregación racial en los Estados Unidos por la vía no violenta (aunque cuarenta años más tarde los más pobres viven en condiciones peores que las de entonces). Volvimos a introducir el concepto de la no-violencia en la conciencia de católicos y protestantes...Una nueva generación arde por la gesta heroica. "Quedan grandes cosas por hacer...¡Acepten el desafío de la lucha!"

En esa lucha aprendí que lo más grande consiste en hacer las cosas ordinarias con gente ordinaria, en un espíritu de amor; consiste en entrar en la vida de los pobres; en amarlos y recibir su amor; en dejarse guiar por las exigencias de la comunidad y en obedecer su voz. Santa Teresa de Lisieux lo llama "el caminito". De ahí viene la verdadera paz, la paz de Jesucristo. Es fruto del Espíritu Santo; crece en la vid que ha sido podada.

Las palabras de Tom contienen mucho que rumiar en cuanto a humildad y paz. Así también los siguientes pensamientos de Derek Wardle, un inglés que se tropezó con nuestra comunidad (el Bruderhof) durante la Segunda Guerra Mundial y al poco tiempo decidió quedarse.

Derek se crió en un hogar acomodado, pero vio la pobreza desde el tren suburbano que atravesaba el barrio obrero de Londres. Libros y películas cuyo tema era la miseria de los mineros de Gales y en general de los

obreros a través del mundo contribuyeron a abrirle los
ojos y despertar su conciencia. Luego marchó en desfiles
del primero de mayo, asistió a mítines políticos, entró en el
Club Literario Izquierdista y se hizo comunista.

Como tantos europeos de su tiempo, Derek admite
que estaba ciego a los males del stalinismo. Consideraba
a la Unión Soviética como una utopía socialista. Y como
sucede con tantos jóvenes, sus convicciones políticas le
hicieron intolerante. "Clasificaba a la gente según su afilia-
ción política; era muy irrespetuoso y a veces odioso hacia
personas con quienes estaba en desacuerdo". Mucho más
tarde reconoció que su arrogancia era semilla de violencia,
tanto como la mentalidad burguesa contra la cual había
protestado por las calles.

> En agosto de 1939, un mes antes de estallar la guerra, fui
> a Leipzig a visitar a un amigo con quien me carteaba. Era
> miembro probado de la Juventud Hitleriana, y con él aprendí
> que los nazis también eran seres humanos. Aunque a los tres
> días mis nerviosos padres me pidieron que regresara a casa,
> esa experiencia bastó para hacer añicos mi hábito de clasi-
> ficar a los individuos como "buenos" y "malos", y me forzó
> a conocerlos como seres humanos. Es una lección que no he
> olvidado...
>
> He aprendido que es esencial desprenderse de sí mismo—
> tanto de la excesiva preocupación con debilidades y fracasos,
> como de orgullo y ambiciones. Cada vez que doy cabida
> a cualquiera de éstos, no estoy en paz; me es dada cuando
> me entrego humilde y plenamente a Dios. Siempre se trata
> de una opción, y la misma opción se presenta a cada joven
> hoy en día, aunque quizás tengan que aprenderlo a fuerza de
> golpes, como me pasó a mí.

La Madre Teresa dice que el conocimiento de sí mismo
nos induce a hacer acto de humildad; es lo que me ha

ocurrido. Ya no creo que yo pueda cambiar el mundo; creo
que lo tiene que hacer Dios. Seguiré protestando contra
la injusticia—el racismo, el capitalismo, el nacionalismo,
lo que sea. Pero estoy convencido de que los pequeños
actos cotidianos de amor dan prueba de nuestra sinceridad
tanto como las grandes causas que emprendemos. Es fácil
sentirse frustrado y amargarse por la fuerza del mal en el
mundo. Pero también es posible ser humilde y proponerse
convertir la exasperación en una fuerza positiva, como lo
es servir a los demás.

Obediencia

Se nos acerca como un desconocido – sin
nombre – como antaño, en la orilla del lago, se
acercó a los que tampoco lo conocieron. Nos
dirige las mismas palabras: "Tú, ¡sígueme!", y
nos encarga las tareas que quiere que realicemos.
Él manda, y a los que le obedecen, sean sabios
o simples, se revelará a sí mismo en las labores,
en los conflictos y sufrimientos que atravesarán
en su compañía – y como un misterio inefable,
aprenderán, por su propia experiencia, quién es.

Albert Schweitzer

Como pastor, mi padre era muy reservado en el uso del
lenguaje religioso, pero nunca vaciló en usar la Biblia
para ilustrar un punto y para enseñarnos a nosotros, sus
hijos, una verdad importante. Cada vez que Papá habló de
compasión, se refirió a la historia de Jesús y la mujer al lado
del pozo; cuando habló de convicción, citó las palabras de
Juan en el libro del Apocalipsis, donde Dios vomita de su
boca a los tibios. Para ilustrar la importancia de obedecer,
usaba el pasaje donde Jesús manda a sus discípulos a buscar
un potro:

> Cuando Jesús pidió a aquellos dos que fueran a traerle un
> potro, en el mundo entero no tuvieron tarea más importante
> que ir a traerlo. Alguien podría haber dicho: "Ustedes han
> sido llamados a cosas más grandes. ¡Cualquiera puede ir a
> buscar un asno!" Pero en ese momento la cosa más impor-
> tante fue ir a buscar el asno para Jesucristo. Yo quisiera, para
> mí y para cada uno de nosotros, que cumpliéramos cada tarea

que Dios nos encarga, grande o pequeña, con la misma dili-
gencia. No hay nada más grande que obedecer a Cristo.

J. Heinrich Arnold

Para la mayoría, la obediencia es un problema. Nos
llamamos discípulos, pero nos falta la esencia del discipulado: la alegría y la sumisión. Aun cuando la tarea es bien
clara, el orgullo nos impide cumplirla y, por ende, no alcan-
zamos la paz que anhelamos.

Dado el culto que rinde nuestra sociedad al individuo y al
individualismo, eso no tiene por qué sorprendernos. Desde
pequeños se nos enseña—y nosotros enseñamos a nuestros
hijos—que es importante seguir nuestros instintos, mostrar
iniciativa y desarrollar cualidades de liderato. Todo eso está
bien. Pero, ¿qué de la otra cara de la moneda—la importancia de saber subordinarse? ¿Cuándo aprenderemos que
nuestros intereses no son necesariamente los de Dios?, ¿y
que, si insistimos en seguir nuestros antojos, las consecuencias pueden ser negativas?

A menudo se dice de quien se somete a otro sin que haya
beneficios tangibles—y más aún cuando involucra sacrificios—que no tiene carácter, o que se le ha lavado el cerebro.
Toda autoridad, incluso la autoridad divina, se desprecia.
Se ridiculiza como anticuada la idea misma de honrar a
padre y madre; el respeto a los ancianos es cosa del pasado
y, con frecuencia, Dios mismo es objeto de burla.

Olvidamos que la ira de Dios siguió una y otra vez a
la desobediencia de los hijos de Israel. Olvidamos que la
paz que anhelamos proviene de un Creador que impuso
orden al caos. Dios crea vida donde sólo había "desorden y
vacío". Él no es un Dios de desorden, sino de paz.

No es fácil el camino de la autodeterminación a la sumisión voluntaria. Aun para Jesús, la batalla más difícil fue

obedecer. Sudó sangre mientras luchaba por someterse durante su última, larga noche en el jardín de Getsemaní: "Aparta de mí esta copa". Pero luego pudo decir: "No se haga mi voluntad, Padre, sino la tuya".

Se ha dicho que la obediencia es la raíz de la gracia, pero esto no la hace más agradable. Dorothy Day sintió (aunque vagamente) el llamado al discipulado cuando joven, pero primero se lanzó a otras actividades "más importantes": las humanidades, el periodismo, la política, los viajes, y los "locos años veinte" en Nueva York, Italia y Hollywood. En su vida también hubo una novela, varios guiones de cine, un aborto, un breve matrimonio y una hija. Con todo, no se le ocurrió que estaba huyendo de Dios, y que sus anhelos jamás serían colmados hasta que le obedeciera.

Era una noche inolvidable cuando, en un bar de Greenwich Village, el dramaturgo Eugene O'Neill recitó el poema "The Hound of Heaven" ("El lebrel del cielo") por Francis Thompson. Su mensaje la tambaleó. Contiene la estrofa:

> Huí de Él a través de las noches y de los días;
> Huí de Él por los arcos y arcos de los años,
> Y por las enmarañadas sendas de mi mente;
> En medio de mis lágrimas y bajo risa incesante
> Me escondí de Él.

Lo que le pasó a Dorothy sólo puede llamarse una conversión. Sus amigos izquierdistas se burlaban de su nuevo interés en el evangelio: ¿Quién mejor que ella, que era comunista, sabía que la religión no es más que una muleta para los débiles? Pero ella se plantó firme. Jesús prometió una nueva sociedad de paz y de justicia, dijo Dorothy, la misma sociedad que todos ellos buscaban, y si los cristianos que conocían eran hipócritas y tontos, eso no era culpa de Jesús. Ella resolvió hacer la prueba.

Que Dorothy hizo mucho más que una prueba se tornó evidente después de su muerte, acaecida en 1980. Durante la Depresión de los años treinta, la desesperación de los millones de desempleados la conmovió tanto que abandonó su ambición de ser una autora de renombre. El resto de su vida se dedicó a servir a Dios y a los pobres, en cuyas caras reconocía a Jesús. Divulgó el concepto de la no-violencia por medio de actos de desobediencia civil (la encarcelaron muchas veces) y difundió el mensaje en sus libros y artículos, intensamente persuadida de que Cristo exige más que palabras.

Según Dorothy, lo que Jesucristo exige son "obras de amor": dar de comer a los hambrientos, albergar a los desamparados, visitar a los enfermos, y limpiar el comedor donde, día tras día, año tras año comía una muchedumbre de ruidosos y, a menudo, desagradecidos comensales. Todo esto Dorothy lo hizo con alegría en el Trabajador Católico, un hogar comunitario de hospitalidad que ella fundó en el "bajo este" de Manhattan.

Las razones de nuestra desobediencia a veces parecen ser bastante legítimas: nos falta el coraje, o la fortaleza, o la clara visión; o no nos sentimos adecuados para la tarea que tenemos por delante. Otras veces, los verdaderos motivos son menos nobles: pereza, orgullo, terquedad. La Madre Teresa, tras años de experiencia con sus hermanas Misioneras de Caridad, fue a la raíz del problema: se trata del afán por saber exactamente por qué tenemos que hacer lo que se nos pide, y la tentación, cuando nos hemos enterado, de hacerlo a nuestra manera.

Es cierto que cumplirán mejor su tarea si saben cómo Dios quiere que la hagan, pero no hay forma de saberlo salvo por obediencia. Sométanse a sus superiores, igual que la hiedra. La hiedra no puede sobrevivir si no se agarra de algo; ustedes no crecerán ni vivirán en santidad a menos que se aferren firmemente a la obediencia. Sean, pues, fieles en las cosas pequeñas. Es en la constancia y en la obediencia que radica la verdadera fuerza.

La novicia de la orden de la Madre Teresa hace su voto de obediencia al momento de ingresar, tal como se comprometen los novicios en muchas comunidades religiosas, incluso la mía. Pero vivir ese voto es una tarea para toda la vida. Lo señala Thomas Merton en una carta a un joven amigo:

> Probablemente te esfuerzas por establecer tu propia identidad dentro de tu tarea, mediante tu tarea misma y tu testimonio. Usas tu actividad, por decirlo así, para protegerte contra la nada, contra tu aniquilación. Ése no es el uso apropiado de tu labor. Sepas que todo el bien que hicieres, no vendrá de ti sino del hecho que, en la obediencia de tu fe, permitiste que se te usara por el amor de Dios. En esto fija tu pensar; poco a poco te librarás del anhelo de ser confirmado en tu propia persona, y podrás abrirte al poder que obra a través de ti sin tú saberlo.
>
> Al fin y al cabo, lo más grande es vivir, no desparramar tu vida al servicio de un mito — y tendemos a convertir en mitos las mejores cosas. Si consigues librarte de la dominación de "causas" y servir la verdad de Jesucristo, podrás hacer más y te sentirás menos frustrado por los inevitables desengaños; porque lo único que veo por delante es mucha desilusión, frustración y confusión.
>
> Nuestra verdadera esperanza no está, pues, en algo que podamos hacer nosotros, sino en Dios quien, de una manera que no podemos ver, lo convierte en algo bueno. Y si hacemos su voluntad, estaremos ayudando en ese proceso. Pero eso no quiere decir que sepamos de antemano lo que significa.

Un relato del Segundo Libro de los Reyes ilustra el mismo punto. Naamán, un alto funcionario del rey del país de

Aram, va a Eliseo y pide que lo sane de la lepra. Cuando el profeta le manda bañarse siete veces en el Río Jordán, Naamán cree que también le ha puesto en ridículo y se va enfurecido. Al rato, sus sirvientes tratan de razonar con él: "Si el profeta te hubiera mandado una cosa difícil, ¿es que no la habrías hecho? Cuánto más habiéndote dicho: 'Lávate y quedarás limpio'". Finalmente, Naamán se convence; aunque todavía enojado y avergonzado, desciende al Río Jordán y obedientemente se zambulle siete veces en el agua. Al hacer esto, "su piel se volvió como la de un niño, y quedó limpió".

Daniel Berrigan observa que, en general, los actos de fe más grandes registrados en la Biblia se cometieron sin considerar resultados ni éxito. Abraham agarró a su hijo y fue a la montaña porque Dios le había dicho que lo hiciera. El arcángel Gabriel vino con la más increíble noticia, y María simplemente creyó y asintió.

Saltando al siglo veinte, las cartas de Ewald von Kleist, víctima de la persecución nazi, dan testimonio de la misma disposición y obediencia:

> Busca tu paz en Dios y la encontrarás. Él nos toma de la mano, nos lleva, y al final nos recibe en la gloria. Obedece su voluntad, que Él se encargará de todo.
>
> ¡Nunca jamás, ni siquiera en lo más íntimo de tu corazón, te rebeles contra lo que Dios te inflija, y verás cuán incomparablemente más fácil te será soportar lo que fuere! No he escrito una sola palabra que no refleje mis propias experiencias, dando gracias a Dios. Es la verdad por toda eternidad. Pero no le cae a uno como llovido del cielo. Hay que ganarlo en una constante riña consigo mismo, una lucha diaria, a veces de hora en hora. No obstante, la sensación interior de haber recibido una bendición no se te escapará y te compensará por todo. Créemelo, pues yo mismo he podido comprobarlo.

Quien recele desdeñosamente de los motivos humanos diría que Kleist pudo ver con tanta claridad porque ya no tenía alternativa, y en cierto modo tendría razón. En la antesala de la muerte, las cosas importantes de la vida se nos presentan en relieve. Sin embargo, tomando en cuenta las circunstancias, la actitud de Kleist de "nunca jamás rebelarse" es un reto aún mayor: dada la inminencia de su ejecución, esa actitud no podía tener ningún efecto sobre su destino. La obediencia no pudo salvarlo.

Por lo general, nuestras pruebas y dificultades consisten meramente en tener demasiadas opciones, y en que somos egoístas y obstinados. Es la conveniencia —en lugar de la obediencia— lo que determina gran parte de nuestras decisiones. Aunque no esquivemos la tarea ni el llamado que hemos reconocido, sí trataremos de zafarnos con el esfuerzo mínimo y de hallar la solución en cualquier lado menos allí donde Dios ya tiene la respuesta lista. Al igual que los antiguos israelitas, preferimos seguir nuestros propios planes, y Dios se queda lamentando nuestra estupidez.

> Este mandamiento que hoy te ordeno obedecer no es superior a tus fuerzas ni está fuera de tu alcance. No está arriba en el cielo, para que preguntes: "¿Quién subirá al cielo por nosotros, para que nos lo traiga, y así podamos escucharlo y obedecerlo?" Tampoco está más allá del océano, para que preguntes: "¿Quién cruzará por nosotros hasta la otra orilla, para que nos lo traiga y así podamos escucharlo y obedecerlo?" ¡No! La palabra está muy cerca de ti; la tienes en la boca y en el corazón, para que la obedezcas.
>
> *Deuteronomio 30:11–14*

Decisión

A menos que se exija un paso concreto, el llamado se desvanece, y si la gente se imagina que pueden seguir a Jesús sin dar ese paso, se engañan a sí mismos como unos fanáticos. Pedro no puede realizar su propia conversión, pero, eso sí, puede abandonar sus redes.

Dietrich Bonhoeffer

Al hablar con los hombres y mujeres que han contribuido a este libro con sus experiencias, resalta un elemento en común: la importancia que tuvo el libre albedrío en su búsqueda por la paz. La paz es gracia, pero también es "la perla de gran valor", y la acción de ir en su búsqueda y vender todo lo que uno tiene para conseguirla, debe ser precedida, en cada caso, por una decisión.

Nos dice Viktor Frankl que estar en paz consigo mismo significa estar exento de tres cosas: los instintos o la "naturaleza inferior", las características hereditarias o la predisposición, y el medio ambiente.

Desde luego que el ser humano posee instintos, pero esos instintos no deben poseerlo a él. En cuanto a herencia, las investigaciones han demostrado cuán alto es el nivel de libertad del ser humano frente a su predisposición. En lo que se refiere al medio ambiente, sabemos que el ambiente no hace al hombre, sino que todo depende de lo que el hombre haga de su ambiente, de la actitud que adopte.

Por lo tanto, el ser humano no es un mero producto de la herencia y del medio ambiente. Hay algo más: sus decisiones. En última instancia, el ser humano decide por sí mismo. Y finalmente, la educación tiene que consistir en educar la capacidad de tomar decisiones.

Según Frankl, somos pocos los que tomamos con el debido convencimiento las decisiones que afectan nuestras vidas. A menudo nos falta carácter o convicción para mantenernos firmes en nuestras decisiones; al rato retrocedemos, luego transigimos, y estamos en un continuo estado de angustia. A veces vivimos de día a día, sin programa; otras veces somos fatalistas, derrotistas. Ora somos indiferentes, sin ninguna opinión bien definida; ora somos testarudos y nos empecinamos en una idea, al punto de volvernos fanáticos. En última instancia, dice Frankl, todos esos síntomas resultan de nuestra aprensión a asumir responsabilidad y de su secuela, o sea la indecisión.

Es innegable que muchas de las opciones que se nos ofrecen se resuelven fácilmente; otras, sólo luego de un profundo examen de conciencia. Aun en estas últimas, Dios puede guiarnos hacia la decisión acertada, siempre que nos abramos a su voluntad. No hablo de truenos y relámpagos sino de "horas de gracia" – aquellos momentos en que Dios se nos acerca, nos ablanda el corazón y abre el oído espiritual para oír su voz.

Tales "horas" pueden llegarnos una o dos veces, hasta varias. Si estamos preparados, la voz de Dios nos hablará con tanta claridad que la senda a seguir se vuelve obvia, y no nos queda más remedio que seguirla. Según Alfred Delp:*

> En la vida de cada uno hay momentos en que uno tiene asco de sí mismo, cuando la conciencia del propio fracaso arranca la máscara de la autoconfianza y de la autojustificación y queda revelada la realidad – aunque sea por un instante. Son momentos que pueden provocar un cambio profundo. Sin embargo, la tendencia natural es evitarlos, ya que el orgullo y la cobardía – y la intuición de que la única salida de esa

---

* Nacido en Alemania en 1909, Alfred Delp se convirtió al catolicismo; participó en la conspiración contra el gobierno nacionalsocialista; fue ejecutado por orden de Hitler en 1945.

situación es ser humilde y obediente a Dios—son sendas tentaciones a declarar aquellos momentos como ilusorios.

Puede que la sacudida que nos hace falta para despertar no venga hasta que esté colmada la medida de nuestro pecado y hayamos perdido la confianza en nosotros mismos—esa auto-confianza que no es sino orgullo. Ése será el momento en que tendremos que examinarnos más de cerca...

Querer reponernos rápidamente de tales momentos signi-fica caer más profundamente aún en el mismo pecado, en el mismo error. Las cosas irán de mal a peor. Nos volvemos "inmunes" a nuestro pecado, y ya no distinguimos lo falso de lo verdadero. A menudo, hasta acabamos por defender nuestro error con piadosos clichés, invocando el "libre albe-drío", el "derecho a escoger", y así sucesivamente.

John Winter, inglés octogenario, miembro de nuestras comunidades, dice que, a su parecer, las etapas más fruc-tíferas de su vida fueron aquellas que comenzaron con un firme propósito y la decisión de perseverar contra viento y marea.

A los dieciséis años salí de la escuela y comencé a trabajar en el laboratorio de una fábrica de pinturas y tuberías de plomo. Por las noches iba a Londres a estudiar para obtener una licenciatura en ciencias. Fue una época difícil: trabajar de día, tomar el tren, ir a clases, volver a tomar el tren, llegar a casa todas las noches a eso de la once, y cumplir con los deberes los fines de semana. A los diecinueve años de edad tuve que presentarme para el servicio militar. Yo era pacifista y había decidido registrarme como objetor de conciencia. Cuando se lo dije a mi jefe, me informó que ahora fabricaban balas en vez de tuberías, y que mis creencias no cuadraban con las de la empresa. Eso me aturdió. Recuerdo aquel fin de semana como si fuera ayer, y pasé horas tratando de discernir lo que debería hacer. No habría sido sincero continuar en mi trabajo, pero tampoco podía imaginarme abandonar el empleo.

A la sazón, un amigo mío, pacifista también, pasaba por tensiones similares a las mías. Más tarde, por no tener una base sólida sobre la cual fundar su resistencia a la guerra, cambió de parecer y se alistó en la Real Fuerza Aérea.

Aquel fin de semana, cuando tuve que elegir entre mantenerme fiel a mi convencimiento y actuar de acuerdo, o seguir viviendo como de ordinario, fue decisivo. Me pasé muchas horas sin dormir, pero al final supe lo que tenía que hacer: dejar el empleo.

Ahora parece poca cosa, pero en aquel entonces fue algo muy importante para mí. Quizás fue la primera vez que realmente tuve que elegir entre mis propios deseos y lo que mi conciencia me dictaba. Hoy, casi sesenta años más tarde, puedo decir que en aquel momento experimenté algo de esa paz que da Dios. Desde entonces, pienso en eso cada vez que mi conciencia me aguijonea para dar un paso que, al principio, no quiero dar. El hecho es que, cada vez que sigo a mi conciencia, siento una paz interna absolutamente real aunque indescriptible.

Por otra parte, la experiencia me ha enseñado que oír un llamado y no responder afecta la vida interior; la próxima vez que Dios hable, tal vez ya no se le perciba con la misma claridad. Bien puede ser que Dios no nos abandone, así no más, cuando somos orgullosos y testarudos, pero estoy seguro de que vendrá el momento en que ya sea demasiado tarde.

Después de renunciar a mi puesto de trabajo, pasé meses sin empleo. Busqué trabajo que no estuviera relacionado con la guerra, pero no había nada, al menos nada en mi oficio, y estar ocioso es algo terrible. No podía conseguir trabajo ni siquiera en oficinas o tiendas. Pero no puedo negar que, aun en esa situación, estaba contento con lo que había hecho, y sentía que mi vida estaba en las manos de Dios.

Todos conocemos a personas que no tienen paz en su fuero interno porque, a diferencia de John, son incapaces de atenerse a una decisión. Pasan la vida como un velero sin quilla, que voltea ante el menor soplo y sólo con gran dificultad llegan al puerto. Algunos no llegan nunca; jamás encuentran un firme propósito en la vida. En casos extremos (y conozco a algunos), la indecisión conduce a trastornos emocionales y desequilibrio mental.

En asuntos de fe, la determinación es esencial para que la vida sea saludable y productiva. Jesús ofrece una paz infinita, pero antes nos exige la promesa de que seremos fieles hasta el final. Tal vez sea por eso que tanta gente desatiende lo primero, porque prefiere pasar por alto lo segundo. Siempre me han gustado mucho las palabras: "Si no coméis la carne del Hijo del hombre ni bebéis su sangre, no tenéis realmente vida". (Juan 6:53) No representan una filosofía que se pueda investigar o analizar; es una declaración audaz, y nos cabe a cada uno decidir si la rechazamos o la abrazamos. Nadie puede quedar indiferente ante Jesucristo. Tenemos que decidirnos a favor o en contra de Él.

Un joven de mi comunidad, llamémosle Bart, figuraba entre los mejores estudiantes de su clase en una prestigiosa universidad estadounidense. Tenía veintiún años de edad, estaba por graduarse, y ya tenía ofertas de varios buenos empleos. Pero Bart no era del todo feliz. En lo más profundo de su alma intuía la futilidad de vivir por el éxito y el prestigio. Consideró abandonarlo todo y volver a la comunidad donde se había criado, aunque eso significaría someter talento, tiempo y dinero a la causa común, y trabajar en lo que hiciera falta. A mediados de su último semestre de estudios, Bart dejó la universidad y escribió una carta, que me ha permitido citar:

He estado muy atormentado los últimos dos días. Por un lado, he sentido una tremenda fuerza empujándome a que me reciba, consiga un buen empleo y haga algo por una loable causa como, por ejemplo, servir en la radio pública. Por el otro, me siento llamado a servir en casa, en la comunidad. Traté de convencerme de que debía quedarme aquí, ser mi propio dueño, desligarme de la comunidad–lo que fuese. Pero, finalmente, me he dado cuenta de que eso no soluciona mi problema.

Anoche leí en el Evangelio de Mateo acerca de los discípulos que dejaron sus redes y se fueron corriendo tras Jesucristo. Eso es lo que tengo que hacer yo ahora: rajarme de este lugar, que sí me ha dado conocimientos teóricos y experiencia práctica, pero poco más, por lo menos en lo que se refiere a mi desarrollo personal o espiritual...

A veces uno tiene que tomar decisiones sin saber exactamente por qué. Por cierto, no entiendo todo lo que me ha motivado a dar este paso; pero en fin de cuentas nadie comprende gran parte de lo que hacemos. Tengo que confiar en Dios. Creo que Él quiere decirme algo, ahora mismo, y espero poder oírlo.

Si tal decisión parece descabellada, es porque hace caso omiso de toda convención, y de la idea–tan popular–que aun cuando oímos el claro llamado de Dios, es prudente que nos detengamos para considerarlo o, como dice el lugar común, "rezar sobre ello". Pero, ¿no dijo Jesús a sus discípulos que sencillamente dejaran sus redes y le siguieran? ¿Y que dejemos "a los muertos enterrar a sus muertos?" Acaso confiamos demasiado en que Él nos dará tiempo para examinar nuestras opciones. Roguemos a Dios que nos ayude a mirar el rumbo de nuestra vida con los ojos de la fe; entonces lo veremos todo en su debida proporción.

El problema de dónde vivir y qué hacer es realmente insignificante comparado con la cuestión de cómo mantener los ojos del corazón puestos en Dios. Puedo enseñar en Yale, trabajar en la panadería de la abadía de Genesee, o jugar con los niños pobres en Lima, y sentirme inútil, desdichado, desgraciado y deprimido en todas esas situaciones.

El perfecto lugar, empleo, vocación o ministerio no existe. Puedo sentirme contento o descontento en cualquier situación. Me consta, porque es algo que me ha pasado. Me he sentido desgraciado y gozoso al mismo tiempo, tanto en situaciones de abundancia como de pobreza, de popularidad como de anonimato, de éxito como de fracaso. La diferencia nunca dependía de la situación en sí, sino siempre de mi estado mental y espiritual. Cuando sabía que andaba con Dios, estaba en paz y me sentía contento. Cuando me embrollaba en mis propias quejas y penas emocionales, me sentía inquieto y fragmentado.

Ahora que tengo que tomar una decisión acerca de mi porvenir, me doy cuenta de una simple verdad: si hago esto o aquello o lo de más allá, durante los próximos cinco, diez o veinte años, no es gran decisión. Entregarme plena e incondicionalmente a Dios, sin temor, sí lo es. Saber esto ha sido mi liberación.   *Henri J. M. Nouwen*

Arrepentimiento

El ser humano, caído desde que cayera Adán,
no es simplemente una criatura imperfecta que
necesita rehabilitarse: es un rebelde que tiene
que deponer sus armas. Deponer las armas,
rendirse, darse cuenta de haber errado el camino
y disponerse a comenzar la vida de nuevo, ésa es
la única forma de salir de un pozo. Ese proceso
de entregarse, a todo dar en marcha atrás, es lo
que los cristianos llaman arrepentimiento.

C. S. Lewis

"¡Arrepentíos, porque el Reino de los Cielos está cerca!"
Pocos versículos de la Biblia son tan bien conocidos como
éste; no obstante, generaciones de cristianos han evadido
su reto con el mismo celo con que han repetido esas palabras. Una cosa es ser humilde, manso y bondadoso. Pero,
¿tener remordimientos? ¿admitir fallas cometidas y llorar
por ellas? ¿arrepentirse? Por severo que parezca, no hay
paz sin arrepentimiento. Así como el sufrimiento de Cristo
en la cruz carece de sentido mientras nos rehusemos a sufrir
con Él, su resurrección contiene una promesa únicamente
si estamos dispuestos a ir a la tumba con Él. Sin muerte, no
hay nueva vida.

Arrepentimiento significa la muerte del viejo "yo", del
"viejo Adán". Significa darle la espalda a la corrupción de
un mundo caído; significa colocarse voluntariamente y de
buena gana bajo la luz de Dios, quien ve los secretos más
íntimos del corazón. Cuando una persona se arrepiente, su
corazón de piedra se convierte en un corazón de carne, y

cada pensamiento, cada emoción se transforma. La actitud de esa persona ante la vida misma cambia.

En mi tarea de consejero, he notado que la lascivia es una de las causas más frecuentes de trastornos emocionales. No digo que la concupiscencia es el peor de los pecados. El apóstol Pablo dice claramente que el orgullo y el farisaísmo, por ejemplo, son igualmente repugnantes a Dios, pero, siendo menos evidentes, pueden ser más difíciles de extirpar que otros. Al mismo tiempo, ya que la sexualidad es la esfera más íntima del ser humano — la que guardamos con más recelo —, los pecados sexuales son los que a menudo más nos pesan.

Hace años, vino a nuestra comunidad una joven mujer; llamémosla Susana. Se había criado en una familia educada y rica. No carecía de bienes materiales. Pero, llena de desprecio por sí misma, agobiada por sus preocupaciones y sentimientos de culpa, era muy desdichada. Anhelaba una vida de integridad y paz interna.

Si en 1972 alguien me hubiese preguntado qué significa la palabra "paz", le habría contestado: "El fin de la guerra en Vietnam". Me crié en los años sesenta, y no tenía idea de que la paz podía ser algo más profundo.

Éramos cuatro hermanos, hijos de un padre alcohólico, dado, a menudo, a la violencia. Éramos una familia típica de clase media, pero muy malsana e infeliz. A la edad de nueve o diez años el interés sexual despertó en mí. Aprendí que cuando un joven vecino "me deseaba", eso me concedía poder sobre él. Me di entonces a sacarle provecho a mi hermosura. Engañé a muchos hombres, ya que no tenía ninguna intención de acostarme con ellos. Sólo quería dominarlos, pero no me percataba de que, eslabón a eslabón, era a mí a quien las cadenas del mal ataban.

Tenía catorce años cuando, en 1968, descubrí a mi hermana y su esposo muertos en su apartamento. Él había sido mari-

nero, de la Marina de guerra; ella, una hermosa mujer de
veintidós años cuya vida había terminado a los tres meses
de casarse. ¿Acaso fue por una disputa? ¿Sufrió él una crisis
nerviosa? ¿Supo, tal vez, que iban a destacarlo en Vietnam?
Dos cuerpos inertes y una pistola era lo que quedaba cuando
mi hermana y yo entramos la morada...

Tras esa experiencia, Susana se sumió en una confusión
total. Experimentó con magia negra y con espiritualismo.
Le invadió un gran miedo a lo sobrenatural. La atormentó
la idea de que el espíritu de su hermana estuviera presente
en su vida. Y a nadie podía confiar sus temores.

Llena de rabia y odio, especialmente hacia mi padre, comencé
a estropearme con anfetaminas, hachís y marihuana, y cada
fin de semana me emborrachaba en compañía de un hombre
diferente. Cuando cumplí diecisiete años, ya lo había hecho
todo—tenía consumada experiencia en lo sexual...Es irónico
que, con algunos de mis amigos, formaba parte del movimiento—tan poderoso en aquel tiempo—por el amor entre la
gente, por la paz y contra la guerra. Sin duda había gran idealismo a principios de la década de los setenta, pero el egoísmo
que dominaba la conducta sexual de muchos era totalmente
opuesto al ideal que se perseguía.

Llegué al Bruderhof, una mujer atormentada de diecinueve años, agobiada desesperada. La depravación de mi
pasado me pesaba en el alma. Me robó hasta mi apariencia
juvenil porque parecía tener por lo menos treinta años de
edad.

Diez años duró mi lucha por encontrar la paz. Las hermanas
y los hermanos del Bruderhof trataron de ayudarme, pero
por más que luchaba, no podía demoler la oscura prisión de
mi impureza. Sólo al ver cómo se emancipó otra persona que
por fin confesó su lujuria, comprendí que yo podía alcanzar
igual libertad; que tenía que bajar la guardia de una vez por
todas y revelarme como la miserable mujer que era. Tenía

que encontrar a alguien a quien confiar mis más horribles secretos. Tenía que arrepentirme. Sólo entonces, al fin, me daría Dios la paz que por tanto tiempo había buscado.

En los días que siguieron, mi vida entera desfiló ante mis ojos; fue como si volviera a ver cada roce, cada mirada, cada palabra y cada pensamiento inmundo, y ver también a cada uno de aquellos a quienes había herido con mis engaños. Con pena, aunque también con alegría, confesé mis peores pecados a la esposa de mi pastor; tuve que regresar muchas veces hasta acabar con todo, pero a cada limpieza la paz se derramaba en mi corazón. Se desvanecieron los años poco a poco, y me sentí tan libre como un niño.

Hoy tengo más de cuarenta años, estoy casada, con hijos, y me siento más joven que a los diecinueve. Si alguien me preguntase hoy, ¿qué es la paz? podría darle una repuesta mucho mejor que en el aquel entonces.

Todos quisiéramos cambiar, empezar de nuevo la vida, pero no es ése el problema. La cuestión es cómo. En las palabras de mi padre: "Es Dios quien tiene que cambiarnos, y puede que lo haga de una manera que desbarate nuestras propias ideas y expectativas, incluso nuestros planes de crecimiento interior o de autorealización. Si queremos servir de algo para el porvenir de Dios, primero tenemos que dejar que Él nos moldee".

Pero en vez de aceptar esto, inventamos nuestras propias soluciones. William, el sacerdote cuya historia narré antes, me dice que se ha encontrado con toda clase de pecados en sus muchos años de ministerio, pero ha visto muy poco remordimiento: "En la mayoría de los casos, los que confiesan pecados prefieren explicar y justificarse antes que arrepentirse".

Pocos comprenden lo que es el arrepentimiento. Es un concepto que no agrada a los que sí lo entienden. Cuando se comete un mal es relativamente fácil enmendarlo con una disculpa, o con cerrar los ojos y pasar por alto lo que sucedió; lo hacemos todos los días. Pero eso no es arrepentirse. Cuando se ha herido a un alma por el pecado, el arrepentimiento es el único remedio para sanarla.

En el siglo dieciséis (época de la Reforma), el clero "perdonaba" pecados mediante la venta de indulgencias. Hoy día, psicólogos y psiquíatras "perdonan" de la misma manera. La gente paga, y ellos dicen: "No has hecho nada malo: tu comportamiento es muy normal. La conciencia no tiene por qué remorderte, no es culpa tuya". Así perdona los pecados el mundo.

Hay un gran ejemplo de verdadero arrepentimiento en el Evangelio de Mateo: la historia de Pedro, quien, la noche antes de la crucifixión, negó a Jesucristo tres veces. Podría haber alegado, para defenderse, que su pecado era perdonable; al fin y al cabo, ¿no habían aprisionado a Jesús las autoridades? ¿No le habían condenado a muerte? Nada hubiesen podido hacer los discípulos para cambiar la situación. Pero, en vez de ofrecer excusas, Pedro comprendió que al negar a Jesús había cometido una traición despiadada. Hondamente compungido, salió "y lloró amargamente".

Arrepentirse no significa atormentarse, ni rumiar las propias faltas y deprimirse por ellas. Con todo, cuando el arrepentimiento es real, causa dolor. Como un arado, abre la tierra, destripa terrones, desarraiga las malas hierbas y prepara el suelo para la nueva siembra.

Todos hemos pecado, a todos nos hace falta ese arado. De una manera u otra, todos hemos errado y desperdiciado la vida. Cuando admitimos nuestras faltas, reconocemos que somos débiles, que dependemos unos de otros, y más aún de Dios. Más importante todavía: no corremos el peligro de ahogar la persistente voz de una conciencia agobiada. La paz duradera no se halla negando nuestros fracasos, sino encarándolos honradamente, sin resistirnos.

Por dolorosa que sea la ruta del arrepentimiento, la agonía de vivir con un pecado oculto es mucho peor. Martín Buber dijo que el ansia de armonía y comunión con Dios empuja al corazón hacia la paz, "como precede a la calma la tormenta". Resistirla equivale a vivir en un constante estado de tensión. "Si un hombre no se juzga a sí mismo, todas las cosas lo juzgan, y todas se convierten en mensajeros de Dios".

Año tras año, Gerald (nombre ficticio), un miembro de nuestra comunidad ya entrado en años, había buscado en vano paz interior. Profundamente apenado por los pecados que había cometido en el pasado, nunca, sin embargo, los había confesado con entereza. Tampoco se había arrepentido de veras. Hombre trabajador, era digno de confianza, pero vivía atormentado por dentro. Su firme compromiso con la iglesia y con su familia era como una fachada que disimulaba el secreto del adulterio en que había incurrido cuando joven, y del que tenía un hijo adulterino que vivía en una ciudad distante.

En una época de crisis, cuando Gerald se acercaba a la edad mediana, sacó cuenta de lo que había sido su vida hasta entonces; por fin, "el juicio de Dios comenzó a entrarme al corazón". Sabía Gerald que no había forma de "remediar o deshacer" lo que había hecho. Cuando sintió la enormidad de su falta, fue y se humilló – compungido hasta la médula – ante cada uno de los que había engañado. Pudo sentir finalmente, dice, la redención y purificación que trae el arrepentimiento.

Por dramático que fuera su rendir cuentas, Gerald reconoce que esa experiencia y la paz que le trajo no fueron un hecho único, sino un proceso que continúa hasta el día de hoy:

> Cada vez que pensé que por fin la paz era mía, tuve que darme cuenta que lo que había encontrado no era más que un estriberón; tenía que continuar buscando más allá. Eso probablemente continuará. Tal vez es en la misma búsqueda que encontramos la paz.
>
> Esto sí puedo decir acerca del camino hacia la paz: creo que consiste en conocerme a mí mismo como el pecador que soy, según me lo revele a diario el juicio de Dios; consiste en arrepentirme continuamente por los pecados que he cometido, y en agradecerle a Dios el perdón que me ha dado; en rogarle que me revele mis faltas cada vez que las cometa, y en pedirle claridad y fortaleza para la labor de cada día; consiste en renunciar diariamente al orgullo y la ambición, a todo lo que sea egocéntrico en mí; consiste en regocijarme en Dios, en sus dones y gracia, y sobre todo en el milagro de la cruz.

La importancia que tiene el arrepentimiento también queda demostrado en la vida de mi tía Emy-Margret, quien ha luchado mucho al procurar sosiego para su corazón. Conozco a nadie que haya tenido contienda personal tan dura como la suya. Emy-Margret está por llegar a los noventa años. Cuando conoció a quien iba a ser su esposo, lo admiró por su inteligencia, entusiasmo y don de gentes. Apuesto y elocuente, Hans era buen hombre de negocios. Mejor todavía, el bienestar del Bruderhof le importaba, ¡el Bruderhof, que para entonces era una comunidad en ciernes!

Ahora bien, lo que comenzó felizmente, pronto se tornó en una pesadilla de matrimonio. Todo lucía muy bien por fuera: Hans y Emy-Margret eran miembros activos de la comunidad, procrearon hijos, y se dieron a criar una familia que parecía disfrutar de una vida sana y armoniosa.

Pero, en la intimidad, Hans tenía un lado muy diferente. Insaciable en su sed de poder personal, era capaz de cualquier cosa para satisfacerse a toda costa.

Al principio, los manipuleos de su esposo sencillamente fastidiaron a Emy-Margret, pero su tolerancia no duró mucho, porque llamarle a Hans la atención significaba exponerse a su sarcasmo y a sus latigazos verbales. Aunque en nada agradable, resultaba más cómodo aceptarlo tal como era. Hans desconfiaba de casi todos los que le rodeaban. A pocos odiaba tanto como a los parientes de su esposa pues sospechaba que querían restringir la influencia que él, Hans, ejercía sobre la comunidad. Una selecta minoría le admiraba, pero la mayoría de los miembros de la comunidad le temía. Hans se comportó como un dictador. Silenciaba o expulsaba a quien le criticara o se le opusiera.

Mucho más tarde, Emy-Margret se dio cuenta de que su lealtad para con su esposo no había impedido que Hans siempre se saliera con la suya. Y, cuando descubrió que por años Hans y su secretaria habían cometido adulterio, Emy-Margret se deshizo. Revelado su engaño, Hans abandonó a Emy-Margret y se fue de la comunidad.

Con todo, los lazos emocionales que la ataron a Hans eran tan fuertes que, por muchos años, se cegó ante los estragos que ambos causaron y pasó por alto que centenares de miembros sufrieron bajo su liderato. La idolatría que mi tía sintió por Hans, por su persona y por todo lo que él representaba, persistió aun después de que Hans murió en un trágico accidente aéreo.

Percatóse Emy-Margret finalmente de que su vida había sido una mentira, que todo el prestigio, el poder y la atención de los que la admiraban no le había traído verdadera felicidad, sólo tormento personal. Tuvo que pasar por dolorosos conflictos emocionales y de lealtad, y desembrollar las mentiras y mentirillas acumuladas durante décadas. En esa lucha larga e intensa por reconocer su culpa y aclarar las cosas, Emy-Margret pidió, y recibió, el apoyo de nuestra comunidad.

Casi treinta años han pasado desde entonces. Dura fue la lucha, pero la victoria rindió frutos, hoy patentes en la vida de Emy-Margret y de toda la comunidad. Desde la perspectiva del mundo, podría parecer inútil lo que vivió mi tía: perdió a Hans; nunca se reconcilió con él; se disgustó con viejos amigos que tomaron el partido de su esposo, y hasta se distanció de algunos de sus hijos.

No hay duda de que la búsqueda por la paz ha sido sumamente dolorosa para mi tía Emy-Margret. Me asegura ella, no obstante, que sanó al romper los vínculos con su marido y arrepentirse, y que halló serenidad, una serenidad que jamás había conocido. Escribió a su hermano Hardy: "Más allá de mis esperanzas y oraciones me fueron dadas —y siguen siéndome dadas— una gran liberación y paz.

Dice Bonhoeffer que el arrepentimiento nos causa tantos problemas porque exige, como principal requisito, que estemos dispuestos a morir una "muerte dolorosa y vergonzosa ante los ojos de un hermano". Tal es la humillación, que continuamente tratamos de esquivarla. Aun después de haber admitido nuestros pecados, a veces preferimos entrar en componendas con ellos, sin realmente arrepentirnos. Pero esta angustia —esta cruz— son precisamente nuestro rescate y nuestra salvación: "Muere el viejo Adán, pero es Dios quien le ha superado. Ahora compartimos la resurrección de Jesucristo y la vida eterna. Si hemos atravesado por la muerte, tanto más grandiosa será la vida".

Convicción

El mero hecho que tantas cosas están en
conflicto, no significa que debemos estar divi-
didos nosotros. Y, no obstante, se nos dice, ya
que vivimos en un mundo en conflicto, adap-
témonos a él. Por extraño que parezca, los que
más propugnan esta idea tan anticristiana son
los supuestos cristianos mismos.

    ¿Cómo podemos creer en el triunfo de la
justicia, si ya casi nadie está dispuesto a sacri-
ficarse por una causa justa? Últimamente tuve
que pensar mucho en un relato del Antiguo
Testamento. Moisés se mantuvo de pié, con los
brazos en alto, todo un día y toda una noche,
implorando a Dios que diera la victoria a los
israelitas. Cada vez que bajaba los brazos, la
batalla se inclinaba en favor del enemigo.
¿Habrá todavía gente que no se canse de dirigir
todos sus pensamientos y todas sus energías, de
todo corazón, hacia una sola causa?

Sophie Scholl

A los veintiún años de edad, Sophie Scholl no era una
muchacha alemana común y corriente. La decapitaron en
febrero de 1943 a ella y a sus compañeros, por formar parte
de un pequeño grupo de estudiantes de la universidad de
Munich, que redactaban, imprimían y distribuían propaganda contra el gobierno nacionalsocialista. Lo llamaron
"La Rosa Blanca". Sophie tampoco era como el común de
los activistas. Su hermana Inge, autora del libro "La resis-

tencia de la Rosa Blanca", recuerda la extraña paz que rodeaba a Sophie; en sus momentos más oscuros era como si Cristo estuviese a su lado, guiándola y dándole fuerza.

Sophie se enojó cuando dio con la Rosa Blanca por primera vez y descubrió que su hermano mayor, Hans, era el fundador e integrante más activo del grupo. Al mismo tiempo se percató de que la Rosa Blanca era una voz solitaria que pregonaba la verdad y que, a menos que la apoyaran, pronto quedaría ahogada en el creciente clamor de propaganda y mentiras. No tardó mucho en decidirse a dedicar todas sus energías en respaldarla.

Algunos años antes, Hans y Sophie habían abrazado con entusiasmo las promesas de Hitler por una nueva Alemania. Pero cuando se dieron cuenta de que el dictador, en su diabólico afán de dominar, pisoteaba un sinnúmero de conciencias y vidas, se sintieron cada vez más decididos a ir contra la corriente. Para fines de 1942 habría sido difícil encontrar una célula de oposición más vigorosa, o que estuviese en mayor peligro, que la Rosa Blanca. Los miembros fueron identificados y capturados en febrero de 1943. En menos de cinco días, los hermanos Scholl y sus colaboradores más cercanos yacían muertos, ejecutados. Más ejecuciones siguieron en abril y julio de aquel año.

Los Scholl hicieron cara a su fin con valentía, hasta con orgullo. Dicen que Sophie oyó su sentencia – muerte en la guillotina – con serenidad. "¡Qué día de sol tan hermoso", dijo, "y yo tengo que irme! Pero si mediante nosotros miles de personas despiertan y se inspiran para hacer algo, ¿qué importa?" ¡He aquí una paz interna nacida de inquebrantable fe!

Hoy día tal convicción es rara. ¿A quién le importa tanto su fe que esté dispuesto a morir por ella? Igualmente raras son la certeza y la serenidad que esta convicción da a quien entra en la lucha. A menos que estemos convencidos de que nuestras acciones son justificadas, jamás podremos afrontar una prueba como la de los hermanos Scholl, con igual vigor y sangre fría. Tal vez sea esto lo más importante que la Rosa Blanca tiene que enseñarnos.

Recuerdo uno de mis pasajes favoritos del Antiguo Testamento: la historia de Sadrac, Mesac y Abednego. Ahí vemos a tres jóvenes sin par en su lealtad a Dios, y en la calma que los sostuvo cuando esa lealtad fue puesta a prueba. Es un relato conocido, pero vale la pena repetirlo aquí.

Les dijo el rey:

—...porque si no adoráis [la estatua dorada] seréis inmediatamente arrojados en el horno de fuego ardiente; y ¿qué dios os podrá librar de mis manos?...

—No necesitamos darte una respuesta sobre este particular, contestaron los tres jóvenes. Si nuestro Dios, a quien servimos, es capaz de librarnos, nos librará del horno de fuego ardiente y de tu mano, oh rey; y si no lo hace, has de saber, oh rey, que nosotros no serviremos a tus dioses ni adoraremos la estatua de oro que has erigido.

Entonces el rey Nabucodonosor, lleno de cólera y demudada la expresión de su rostro contra Sadrac. Mesac y Abed-negó, dio orden de que se encendiese el horno siete veces más de lo corriente, y mandó a los hombres más fuertes de su ejército que ataran a Sadrac, Mesac y Abednegó y los arrojaran al horno de fuego ardiente. Fueron, pues, atados Sadrac, Mesac y Abednegó, con sus zaragüelles, túnicas, gorros y vestidos, y arrojados al horno de fuego ardiente. Como la orden del rey era perentoria y el horno estaba excesivamente encendido, la llamarada mató a los hombres que habían llevado allá [a los tres jóvenes]. Y Sadrac, Mesac y Abednegó cayeron, atados, en medio del horno de fuego ardiente.

Iban ellos por entre las llamas alabando a Dios y bendiciendo al Señor...Entonces el rey Nabucodonosor, estupefacto, se levantó a toda prisa y preguntó a sus consejeros:

—¿No hemos echado nosotros al fuego a estos tres hombres atados?

Respondieron ellos:

—Indudablemente, oh rey.

Dijo el rey:

—Pero yo estoy viendo cuatro hombres que se pasean libremente por el fuego sin sufrir daño alguno, y el cuarto tiene el aspecto de un hijo de los dioses.

Y Nabucodonosor se acercó a la boca del horno de fuego ardiente, y dijo:

—¡Sadrac, Mesac y Abednegó, servidores del Dios Altísimo, salid y venid aquí!

Cuando los tres salieron de en medio del fuego...los sátrapas, prefectos, gobernadores y consejeros del rey se reunieron para ver a estos hombres; el fuego no había tenido ningún poder sobre su cuerpo, los cabellos de su cabeza no estaban chamuscados, sus mantos no se habían alterado, y ni el olor del fuego se les había pegado. Nabucodonosor exclamó:

—¡Bendito sea el Dios de Sadrac, Mesac y Abednegó, que ha enviado a su ángel a librar a sus siervos que, confiando en él, quebrantaron la orden del rey y entregaron sus cuerpos antes que servir y adorar a ningún otro fuera de su Dios!

Daniel 3:15–28

¿Cuántos "fieles siervos" de Dios están dispuestos hoy en día a defender la fe, o, tan siquiera, morir por ella? ¿A cuántos nos echarán fuera del lugar de la eterna paz con las palabras: "Nunca te conocí"?

En mi propia experiencia, los hombres que más me influyeron han sido aquellos cuya convicción les costó la vida. A muchos, nunca conocí en persona—Dietrich Bonhoeffer, Alfred Delp y Oscar Romero, por ejemplo. A otros, como

Martin Luther King, tuve el privilegio de conocer breve-mente. También hay hombres con quienes me comunico, y que a diario hacen cara a la posibilidad de perder la vida por sus creencias, como Don Samuel Ruiz García (obispo emérito de la diócesis de San Cristóbal de las Casas, Chiapas, México).

Mi abuelo era un decidido adversario del régimen de Hitler. Que no le haya tocado la suerte de la mayoría de los disidentes se debe únicamente a que murió en 1935 de graves complicaciones causadas por una amputación. Pero, según mi abuela, la posibilidad de encarcelamiento sólo le dio más ánimo. Compareció varias veces, por su cuenta, ante el jefe del distrito donde se hallaba la comunidad. Le daban paso, pero echaban tras él llave a la puerta, y luego se le permitía someter tal o cual petición o expresar críticas. Fue poco menos que un milagro que cada vez se le otorgara una audiencia imparcial, y que luego le permitieran salir.

Desde su cama de hospital, días antes de morir, exclamó mi abuelo a voz en cuello, para que el pabellón entero lo oyera: "¿No se ha arrepentido Herr Goebbels todavía? Y Adolf Hitler, ¿se ha arrepentido?"* A la sazón se llevaba gente a los campos de concentración por delitos menos graves.

Muchos años más tarde, cuando era yo un muchacho de catorce años matriculado en una escuela pública de Nueva York, ese acto de desafío de mi abuelo me inspiró a poner a prueba mi propio arrojo. Todos los días se juraba lealtad a la bandera, y cada mañana le tocaba a un estudiante distinto presidir la ceremonia. El día que me tocó a mí, me puse de pie frente a la clase y dije que me rehusaba, que mi lealtad pertenecía a Dios, y no a un pedazo de tela. Sobrevino un

---

* Era el "Día de arrepentimiento" en Alemania, que forma parte de la liturgia de la Iglesia Luterana.

silencio en el que se podía oír volar a una mosca ¡Eso era inconcebible! (El Macartismo estaba entonces en su apogeo, y, en Washington, el Comité sobre Actividades Antiamericanas de la Cámara de Representantes estaba en sesión.)

Sin demora se informó al director del colegio de mi negativa y me llevaron ante una asamblea de todos los maestros para que me explicara. Aunque escandalizados, pudieron comprender una vez que aclaré mi posición y les aseguré que no era falta de respeto lo que me animaba sino únicamente mi convicción religiosa.

En casa, mis padres se sorprendieron un poco pero me apoyaron totalmente. Para mi padre, era muy sencillo: "Si no sigues los dictados de tu conciencia, nunca estarás en paz. Si haces olas, que así sea; siempre es preferible a cruzarse de brazos y hacer como si todo anduviera bien".

En un capítulo anterior mencioné a varias personas que fueron de importancia en mi adolescencia. Otra que resalta en mi memoria es Dwight Blough, un joven visitante de Iowa que más tarde se integró a nuestra comunidad y se convirtió en un confidente muy allegado a mi padre.

Dwight era un hombre de convicciones. Trabajaba, jugaba y luchaba "duro y parejo". Hombre sencillo de palabra y obra, lo que hacía, lo hacía de todo corazón, y cuando tenía algo que decir, lo decía sin ambages. No tenía paciencia para piadosas palabrerías. Norann, su viuda, dice que Dwight fue un típico adolescente norteamericano, "metido en toda clase de cosas" e impaciente por alistarse en las Fuerzas Aéreas a los dieciocho años.

Fue en su primer año de estudios universitarios que Dwight empezó a buscar algo más que el curso previsible que tenía por delante, a saber: un título universitario, matrimonio, hijos, carrera y, finalmente, la jubilación, durante la cual vería a sus hijos seguir el mismo camino. Sintió que su vida se tornaba hacia Dios. Antes de terminar el segundo año, el estudio de los Evangelios lo había convencido de que vivir por el prójimo era la única forma de sentirse hecho y derecho. En consecuencia, decidió que sería un error ingresar en las Fuerzas Aéreas e inició los trámites para ser reconocido como objetor de conciencia.

Siguieron tres años durante los cuales Dwight y Norann se casaron, se enteraron de la existencia de nuestra comunidad, la visitaron y pidieron quedarse. Dwight enseñó en nuestra escuela, pero al poco tiempo su don de pastor se hizo evidente—lo cual no significa que era un santo. Impulsivo en su celo, a veces armaba bronca cuando la franqueza le importaba más que el tacto, la acción más que la consideración.

Jamás olvidaré aquel día de invierno de 1957, cuando se incendió el edificio central donde se encontraban las oficinas, ni la rapidez con que Dwight encontró una escalera y apareció en una ventana del segundo piso. Los demás, que nos habíamos quedado afuera, le pedimos a gritos que bajara antes de que fuera demasiado tarde. El humo y las llamas le impidieron echar mano a todo lo que trató de salvar: papeles de negocio, correspondencias personales, documentos históricos—todo se quemó, aunque Dwight arriesgó su vida por evitarlo. Así de solícito era. Por lo general, en casos de accidente o de grave enfermedad Dwight era el primero en llegar.

A principios de los '70, el Bruderhof compró un avión para facilitar los viajes entre las comunidades, y el entusiasmo de Dwight se extendió a la aviación. El 30 de diciembre de 1974, murió en un trágico accidente, cuando, en un vuelo de prueba, su avión se estrelló contra la ladera de una montaña arropada por la niebla. Norann quedó viuda con doce hijos, el menor de los cuales sólo tenía siete semanas de edad. Entre los papeles de su esposo, encontró los apuntes para su sermón para la fiesta del Fin de Año; Dwight se había propuesto hablar sobre la importancia de tener convicciones y estar preparado.

La muerte de Dwight fue un golpe tremendo para la comunidad entera, y una clarinada que despertó a todos los que lo conocimos: ¡tan repentina e inesperada fue su muerte a los cuarenta años de edad! Y ¿qué del resto de nosotros? ¿Estábamos listos para morir?

Esa pregunta es tan urgente hoy día como lo fue entonces. Pues, ¿qué significa estar en paz con Dios sino estar preparados para que Él nos reciba? Si estar en paz requiere preparación, eso ha de abarcar todos los aspectos de la vida. Debemos estar dispuestos a perdonar lo imperdonable, a recordar cuando preferimos olvidar, y a olvidar cuando preferimos recordar. Significa amar a los que hemos odiado, ir donde preferimos no ir, seguir esperando si se nos ha olvidado. Debemos mirar hacia adelante, no hacia atrás; dar borrón y cuenta nueva al pasado y volvernos hacia la luz; estar dispuestos a darlo todo y a entregar la vida por el prójimo.

En lo que se refiere a Dwight, la respuesta fue clara. Él había vivido la vida plenamente. Y –de una manera que hoy parece ser profética– habló de estar preparado para irse con Dios, no sólo en sus últimos apuntes, sino en una carta pastoral escrita dos meses antes:

Las palabras de Jesús: "si me amáis, guardaréis mis mandamientos", son de vital importancia para nosotros precisamente ahora, cuando el mundo va cuesta abajo hacia la inmoralidad, el materialismo y el pecado…Me siento llamado a ser más radical en mi obediencia y en mi lealtad a Jesucristo. A menudo decimos que el mundo sabrá que pertenecemos a Jesús si estamos unidos y nos amamos los unos a los otros. Si es así, nuestro amor a Jesucristo, a los hermanos y hermanas, y a la gente del mundo entero tiene que hacerse mucho más fuerte.

Yo también debo arrepentirme profundamente cada vez que he sido un obstáculo, poco entusiasta, intolerante y mezquino, egoísta…

Jesús dijo: "Éste es el mandamiento mío, que os améis los unos a los otros, como yo os he amado. Nadie tiene mayor amor que el que da su vida por sus amigos. Vosotros sois mis amigos, si hacéis lo que yo os mando". Los primeros creyentes tenían ese amor, los unos por los otros y por Jesucristo. ¿Lo tenemos nosotros?

Al final de su carta, Dwight citó, de mi abuelo, uno de sus pasajes favoritos:

¡Todo depende de estar preparados! Nuestra esperanza en la venida de Dios será signo de que estamos preparados. Significa extender las manos hacia Él, dispuestos a ser crucificados con Él; significa ponernos de rodillas, listos para ser humillados con Él; significa entregar todo dominio sobre nosotros mismos para que Él solo se haga cargo de nosotros. ¡Estemos listos! *Eberhard Arnold*

Realismo

Tengamos la paciencia y el ánimo de comenzar de nuevo día a día, y confiemos en la ayuda de Dios, cuya misericordia se renueva cada mañana. Entonces comprenderemos que la vida es cuestión de cambiar y madurar, y que debemos prepararnos para cosas mucho más grandes. Tenemos que luchar contra las fuerzas de la oscuridad, pero la victoria será nuestra porque en Cristo todo mal queda vencido. Siempre estaremos al comienzo de la búsqueda, porque nos hallamos en un proceso continuo de cambios; pero en la fe encontraremos la realización de todos nuestros anhelos.

Eberhard Arnold

Sin el perdón y sin la posibilidad de recomenzar cada día, tal vez sintamos la tentación de abandonar la búsqueda por la paz, y considerarla fútil. Sin duda, la conversión puede transformarnos en nuevos hombres y mujeres, y la oración, la humildad, el arrepentimiento nos mantendrán en el camino recto. Pero al mismo tiempo, una vez reconozcamos que somos imperfectos, debemos templar nuestro anhelo de paz. A menos que nos resignemos a que la imperfección humana es una realidad y nos volvamos hacia Jesucristo—el único hombre sin pecado—siempre estaremos frustrados.

Art Wiser, un viejo amigo mío, miembro de nuestra iglesia, me escribió hace poco lo siguiente:

Me preguntas si tengo paz, y debo contestar que no, que no estoy en paz. Cuando hago algo mal y alguien me lo señala, primero me agito y, a menudo, luego tengo que luchar conmigo mismo porque pierdo el sueño y me pongo nervioso. Jesús dijo, sin embargo: "Mi paz os doy". Y si yo le sigo, a pesar de mi pecado y de mi testarudez, puedo creer en lo que nos ofreció y aceptarlo con alegría. La misma noche en que Jesús dijo esas palabras, se sintió "afligido" y sufrió angustia en el jardín de Getsemaní. Pues, si eso padeció Él por nosotros, ¿quién soy yo para poner en duda su paz en mí? La acepto y la afirmo, como también la anhelo y ruego por ella. Su paz es parte de la lucha permanente por su Reino.

La tensión que describe Art es parte natural de la vida. Todos tenemos altibajos, pasamos por días buenos y malos, y jamás podremos superarlos por completo. Por otra parte, saber que todo está en manos de Dios es una seguridad que nos sirve de refugio una y otra vez. Es como un timón que nos mantiene firmemente en rumbo cuando las preocupaciones amenazan nuestro equilibrio. Así lo explica Marlene Bowman (también de mi iglesia):

> Cuando me desespero o me preocupo demasiado por alguna cosa, por importante que sea y aunque concierna al Reino de Dios, pierdo mi calma interior. Si las cosas no salen como quiero y me frustro, si algo estorba mis planes o ideas, o si pienso demasiado en mí misma al orar, entonces pierdo la paz. La paz interna nace de confiar totalmente en Dios.
>
> Cada vez que queremos hacernos cargo de la tarea de Dios, es señal de que hemos perdido la confianza en Él, que hemos olvidado quién manda. No importa si se trata de nuestra vida personal, de la familia, de algo que oímos en el noticiero o que sucede en el trabajo —si queremos resolverlo todo por cuenta propia, nos perturbamos y desanimamos, nos ponemos nerviosos y ansiosos: perdemos la paz de Dios.

Aquí Marlene describe algo que saben todos los que dedican sus esfuerzos a cambiar el mundo, a trabajar por la justicia, por la paz o por cualquier otro ideal: que, en cierto sentido, se trata de una lucha estéril. El escritor suizo Friedrich Dürrenmatt dice que ningún ser humano puede salvar el mundo: "Sería un esfuerzo imposible, como el del pobre Sísifo ".* En todo caso, añade, no se nos encargó esta tarea, ni tampoco se le encargó a un poder temporal, ni a un pueblo, "ni siquiera al diablo, más poderoso que todos ésos. Está en manos de Dios, cuya voluntad es soberana". De ahí se desprende el siguiente consejo:

> Ante el apremio de tareas que sobrepasan nuestras fuerzas, tenemos que tornarnos hacia adentro y buscar la Fuente de toda fuerza. Nos desesperaremos si comparamos nuestras fuerzas humanas con el trabajo que tenemos por delante; fracasaremos si ponemos mano a la obra con tan pobres fuerzas…No hay lección más saludable que la de nuestras limitaciones, siempre y cuando renunciemos también a nuestras propias fuerzas y aprendamos a depender de la de Dios. Se destrozará la rueda de la vida a menos que sus rayos estén firmemente unidos al Centro. Corremos grave peligro cada vez que nos olvidamos de este principio, cada vez que nos precipitamos en alguna empresa sin detenernos para volvernos hacia dentro.
> *Philip Britts*

En la tumultuosa época de la Reforma del siglo dieciséis, eso lo sabían hasta sus partidarios más radicales, los Anabaptistas. Aquellos audaces hombres y mujeres trataron de cambiar el mundo de arriba abajo: denunciaron la hipocresía de la iglesia oficial, desafiaron la autoridad del estado y derribaron los convencionalismos sociales más

---

* Mitología griega: rey de Corinto condenado eternamente a empujar cuesta arriba una enorme piedra hasta la cima de una montaña, de donde volvía a rodar hasta abajo sin cesar.

arraigados. Y a pesar de su ardor, su fe era realista. No les cegaba la ilusión de que una dulce primavera estaba por amanecer para el mundo entero; sabían muy bien lo que su fe les costaría. Aunque seguros de cuál sería su suerte, también creían a pies juntillas que el día de la victoria de Dios llegaría. Y cuando empezó la persecución, continuaron en la lucha sin flaquear a pesar de la tortura y la hoguera, del calabozo y la espada.

A nosotros, que vivimos en una época en la cual nuestras labores por la paz nos cuestan muy poco, los Anabaptistas tienen mucho que enseñarnos. Al igual que ellos, debemos aprender que lo importante no es la eficiencia o el éxito de lo que hacemos; lo que importa es que llevemos a cabo nuestras tareas con actitud de fe. Con relación a esto, dijo mi padre:

> Existe en la tierra inmensa miseria, mayor, por mucho, que lo que podemos concebir. Por una parte es hija del aprieto económico, por otra del malestar de índole social; pero, en lo más profundo, del malestar espiritual causado por la injusticia, la violencia, la infidelidad. Algunos solíamos creer que podrían lograrse cambios radicales en nuestra sociedad por vías políticas o sociales—cambios que aliviarían ese sufrimiento. Pero hemos visto, una y otra vez, que el gobierno siempre cae en la propia maraña de mentiras, que el dinero manda, y que por todas partes hay egoísmo y falsedad.

> Claro está que no podemos cambiar el mundo nosotros mismos. Pero Jesucristo sí lo cambiará, y a Él queremos entregarnos voluntariamente. Él exige la totalidad de nuestra persona, quiere nuestra vida toda. Él vino a salvar al mundo, y creemos que algún día ningún líder humano gobernará la tierra—Él, Jesucristo, solamente Él. Para Él vivimos, y por Él estamos dispuestos a morir. A nadie se le pide más. Jesús no espera que seamos perfectos, pero sí espera que le sirvamos de todo corazón.

Servirle a Cristo de esa manera no significa matarse trabajando. Si somos realistas, sabremos que la paz que podemos
disfrutar en esta tierra tiene límites, y seremos más objetivos en discernir nuestras prioridades.

Tomemos, por ejemplo, la oración. Punto ciego muy
común es la idea de que logramos más cuando estamos
"haciendo" algo. En realidad, los frutos de la oración, del
silencio, de la contemplación y de la meditación, aunque
intangibles, no son menos significativos que los de la más
valiente lucha activa. En su libro *Bienaventurados los de
manso corazón,* el obispo sudafricano Desmond Tutu nos
pide que, en nuestro empeño por la paz, no olvidemos las
oraciones invisibles de "los hermanos y hermanas que
concurren en órdenes religiosas, de los contemplativos,
de los ancianos y de los enfermos" porque representan
una parte decisiva de nuestra lucha y son tan importantes
como la acción visible de la gente joven y fuerte que está
en primera línea.

Mi buen amigo, Benedict Groeschel, lleva una vida
activa tanto de oración como de acción: sirve a los pobres
y desamparados en el Bronx, denuncia el aborto, y dirige
una pequeña comunidad de frailes franciscanos. Erudito y
sacerdote, el Padre Benedict hizo sus votos a los diecisiete
años de edad. Hoy, ya en sus setenta, positivo y realista,
es hombre que trabaja mucho pero que nunca parece estar
agotado. Es realista en cuanto a sus objetivos y se siente
cómodo dentro de sus limitaciones. Dijo en una reciente
conversación:

> Pienso que la paz proviene de la fe, de la esperanza y del
> amor. Pero no es un mero sentimiento. Es lo que nos ayuda
> a perseverar en esta lucha que es la vida. ¡No te olvides que
> yo soy de Jersey City! No somos optimistas. No pasamos por
> la vida creyendo que todo es maravilloso. Sabemos que es

un valle de lágrimas, y no tenemos grandes ilusiones en este mundo. Por lo tanto, muchas cosas que preocupan a otros no nos inquietan tanto.

El libro de Job siempre me da mucho consuelo. Me encantan estos hermosos versículos: "¿Dónde estabas tú cuando fundaba yo la tierra? ¡Indícalo, si sabes la verdad!... ¿Puedes tú anudar los lazos de las Pléyades o desatar las cuerdas de Orión?...¿Eres tú quien guía a las estrellas de la Osa Menor? ¿Conoces tú las leyes de los Cielos? ¿Aplicas su fuero en la tierra?"

Hay cierto humor en el libro de Job. Cuando todo, todo, te sale mal, ¿sabes cómo es? Pues así:

— ¿Cómo estás?

— Éste es el peor día de toda mi vida.

— ¿Cómo van las cosas?

— Todo me sale mal. Nada me sale bien.

Con San Pablo vemos algo parecido:

— Por el amor de Cristo me están matando todo el día.

Es una manera de expresarse típicamente judía. A la inglesa diríamos:

— Bueno, fue un poco desagradable, sí, un poco desagradable. Hubo algunas dificultades; ya sabes lo que son las cosas.

Tengo un amigo judío. Me dice:

— Vienes acá todos los días y nunca me preguntas cómo estoy.

— ¡Perdóname! ¿Cómo estás?

— ¡Ni me preguntes!

Sabía que Benedict fue arrestado más de una vez a causa de su activismo en contra del aborto y la pena de muerte. Cuando le pedí sus comentarios, dijo:

Bueno, la primera vez que me encarcelaron fue muy agradable porque estuve allí parte de un día no más. Oré, medité, dormí una siesta. Fue un deleite. La segunda vez fue espantosa. Siempre he sido amable en mi trato con los carcelarios; si alguien los joroba, le digo al que fastidia: "No seas así. Esos tipos lo que quieren es ganarse el pan".

Pero no tardé en darme cuenta cómo trataban a los presos. Por alguna razón, un guardia penal que, por lo demás, es persona decente, de repente trata a todo el mundo como si fueran bestias...

Fue horrible. Tres veces en veinticuatro horas me hicieron desnudar para investigarme. Únicamente el médico de la prisión y los demás presos fueron amables. Los presos, muy corteses, con una mezcla de cariño y respeto me decían "Pop" (papá) sin saber que yo era del clero. Cuando estaba por salir, me devolvieron el hábito y quedé en un cuarto grande junto con otros presos a punto de que nos soltaran a todos. ¡Increíbles, las palabrotas que escuché allí! Pero no las decían por falta de respeto, sino porque ignoraban que eran groserías.

Cuando vieron que me devolvían la sotana, me preguntaron: "¿Por qué está usted aquí, Reverendo?" Les dije que era por tomar parte en un piquete frente a una clínica de abortos. Todos se indignaron de que me hubiesen llevado a la cárcel. Pero un anciano se levantó:

—No; está bien que esté usted en la cárcel.

—Hombre, ¡cállate! ¡Siéntate!

—Pero digo que está bien que sea así.

—¿Por qué está bien?

—Porque Jesús dice en los evangelios: "¡Bienaventurados los perseguidos por causa de la justicia!"

Fue una bofetada, una lección que me enseñó no sentir lástima por mí mismo. ¡He allí la Palabra de Dios, pronunciada por un preso!

A continuación, el Padre Benedict habló de la crucifixión de Jesús y de su significado, sobre todo para los que desean la paz pero no quieren laborar por ella. No son realistas,

dijo, quieren el sueldo sin el trabajo, la victoria sin la lucha.
Y recordó un pensamiento del Cardenal Newman:

> La crucifixión de Cristo le da un significado y un valor a todo
> lo que hay en el mundo: lo bueno, lo malo, las riquezas, la
> pobreza, el sufrimiento, la alegría, la tristeza, el dolor. Eso,
> todo eso, se reúne en la cruz.

Claro está que después de la crucifixión viene la resurrección. Pero, si hablamos de la segunda sin la primera, falsificamos la verdad. Yo conozco a mucha gente que preferiría saltar por encima de la crucifixión y llegar directamente a la alegría de la resurrección, pero así no es. Tendrán que dar marcha atrás.

Servicio

La verdadera alegría de vivir es ésta: consumirse en un propósito que uno mismo reconoce como grande; ser una fuerza de la naturaleza en vez de un manojo de aflicciones y quejas porque el mundo no se dedica a darme felicidad.

Soy de la opinión que mi vida pertenece a los demás y que, mientras viva, es mi privilegio hacer por ellos lo que pueda. Cuando muera, quiero estar completamente gastado, porque cuanto más duro trabaje, más vivo estaré...

La vida, para mí, no es una breve vela de encender. Más bien es una brillante antorcha que, por un momento, tengo en mis manos, y quiero dejarla brillar intensamente antes de pasarla a futuras generaciones.

George Bernard Shaw

De todo cuanto nos causa desasosiego, el egoísmo es lo más común, que se manifieste en lo íntimo de nuestro ser o en nuestras relaciones con otros o con el mundo en general. Pudiera ser también la causa más difícil de extirpar. Es posible tratar de modo bastante directo los conflictos que surgen por arrogancia, desconfianza, enojo o resentimiento; por lo general podemos descubrir su causa y superarla. Pero el egoísmo lo llevamos por dentro; parece pasar inadvertido, pero es tan activo y está tan bien arraigado que determina nuestra actitud ante la vida entera.

A veces, el egoísmo toma la forma de un pecado evidente, como la concupiscencia y la avaricia. En otros casos, como el exagerado afán por la felicidad o la santidad personales, puede tomar formas tan "inocentes" que no nos damos cuenta del peligro. Ahora bien, una vez que se reconoce el egoísmo por lo que es, he aquí un antídoto sencillo y universal: dedicarse al servicio de los demás.

Según Teresa de Ávila, la gran mística española del siglo dieciséis, servir es la acción de "ser Dios" el uno para el otro: "Dios no tiene manos, no tiene pies ni voz, salvo los nuestros; y es a través de éstos que Él obra". Yo me crié en el seno de una familia grande, en una hacienda donde todo el mundo tenía que trabajar duro; nunca oí hablar de "servicio" en ese sentido, pero hoy sé que mis padres deben haberlo considerado con similar respeto.

Indudablemente, nos enseñaron la importancia que tiene. Recuerdo bien cómo mi padre habló con insistencia de Jesucristo, el "siervo sufriente",* quien se identificaba con los oprimidos y los pobres, acogía a los niños, visitaba a los postrados en cama, sanaba a los enfermos y hablaba con los pecadores; quien prefirió ir en asno (no montó un corcel) para hacer su entrada triunfal en Jerusalén; quien, por último, se agachó para lavar los pies de sus discípulos. De igual manera, mis padres no predicaban que el servicio fuese una virtud sino que sencillamente la practicaban.

Cuando mi padre buscaba empleo, el único que consiguió fue de jardinero en una colonia de leprosos. Podría haber contraído la lepra y tener que quedarse en la colonia. Sin embargo, no le dio importancia y nunca lo mencionó delante de sus hijos. Solamente nos dijo que era un honor prestar el más humilde servicio a los demás, y hacerlo de buena gana.

Mi madre, por su parte, llevaba una vida de ajetreo: se apuraba por los vecinos; al visitarles, les daba ramos de

---

* Véase Isaías, cap. 52 v. 13 y cap. 53.

flores o jarros de dulce, escuchaba sus problemas, ofrecía consejos, consolaba a los enfermos, cuidaba a las parturientas, se levantaba temprano para escribir a alguien que se sentía solo o para terminar una prendita cosida o tejida a mano que regalaría a algún bebé recién llegado al barrio.

Años después, conocí el Trabajador Católico y el servicio que brinda en sus comedores de beneficencia, donde voluntarios preparan comidas simples, limpian pisos, y durante largas horas escuchan los problemas de los desamparados.

Entre los miembros del Bruderhof está la doctora Ruth Land, quien durante medio siglo se dedicó al servicio de enfermos, de madres y niños, de las víctimas de accidentes—no sólo dentro de la comunidad sino en un radio de muchos kilómetros en los campos paraguayos. Dice que es ese el tipo de humilde servicio que le ha brindado la mayor satisfacción, y agrega:

> Puedes pasarte la vida en busca de paz y no encontrarla. O puedes olvidarte de tu propia persona y poner manos a la obra: esto sí trae paz. Sea en los quehaceres de la casa, en pequeñas muestras de cariño por tu cónyuge—en cualquier tarea que se te presente, en cualquier señal de amistad y solicitud—si lo haces para el Reino, te dará paz.

De la India nos llega un cuento que narraba el mahatma Gandhi y que apunta hacia una verdad similar, a saber, que un gesto bondadoso, por pequeño que sea, es tan importante como la más noble acción. Una mujer preocupada fue a su gurú:

—Maestro, veo que no puedo servir a Dios.

—¿No hay nada, pues, que ames?

—Sí, amo a mi sobrinito.

—He ahí tu servicio a Dios, en tu amor por ese niño.

A veces, el servicio más importante es el que menos se percibe. En mi comunidad, muchas personas de avanzada edad doblan ropa en la lavandería, clasifican libros en la biblioteca, ayudan en los talleres de industria maderera y metalúrgica. En cada caso, el servicio que rinden es inestimable, no sólo por lo que producen. Trabajan varias horas al día, y la sensación de bienestar y paz que eso les brinda, la alegría que brilla en sus ojos, enriquecen nuestra vida común de una manera notable.

En su tiempo, Joe Bush era un jardinero muy capaz. Ahora, casi octogenario, padece del mal de Parkinson y ha tenido que limitar su actividad. Por unas horas al día, se sienta a su escritorio y poco a poco progresa en un largo trabajo de traducción, tecla por tecla en la computadora, con esmero y concentración. Otros tal vez se frustrarían, pero Joe, no.

> Mi trabajo es puro placer. Y hablando de todo un poco, quiero mencionar algo que me viene a la mente con respecto al trabajo. En otra congregación a la cual pertenecía, el pastor solía mencionar las recompensas que nos tocarían por haber trabajado duro y habernos mantenido fieles. Era como si creyera que en el cielo cada uno de nosotros tiene una cuenta con saldo a su favor. No estoy de acuerdo con esa idea.
>
> Si algo tengo, es una gran deuda…Moriré pecador, aunque pecador que por mucho tiempo ha tratado de arrepentirse a diario. Pero no puedo preocuparme por eso. Tengo tareas que cumplir, servicios que rendir, y quiero seguir haciéndolo. Lo demás lo dejo en manos de Dios. En Él confío, y espero el día cuando venga su Reino a este hermoso mundo que Él ha creado.

Audrey, esposa de Joe, encuentra la misma paz en servir a los demás:

Joe y yo estamos ya cerca del fin de nuestras vidas mortales, pero tenemos toda la eternidad por delante, y esa idea nos llena de entusiasmo. Conque, cuando decimos: "No, gracias, ya nos arreglamos", a quienes nos cuidan—aunque estemos medio ciegos e incapacitados—no es por ingratitud. Es que la vida resulta más fascinante si podemos seguir empleándonos mientras podamos. Una vela no se apaga de repente cuando queda sólo un cabo; arde hasta que, donde había una vela, no resta más que un charquito de cera. Todavía nos queda mucho por hacer. Y cuando ya no nos sea posible hacer algo útil, siempre podremos rezar por los que sí pueden.

Joe y Audrey nos enseñan que lo que ellos hacen es de valor porque tiene un propósito. El trabajo es más que trabajo, siempre y cuando se haga con miras más elevadas que el llevarlo a cabo meramente. De no ser así, carecería de sentido y causaría tanta frustración y desesperación como el desempleo y la inactividad forzada. El autor y psiquíatra Viktor Frankl aplica esto a la vida en general:

He observado repetidamente que sólo puede responderse al impulso de seguir viviendo, y sobrevivir en las condiciones más desfavorables, cuando el sobrevivir mismo parece tener propósito. Tiene que ser un propósito específico y personal, algo que nadie—salvo esa misma persona—pueda realizar, y que le traiga paz a su mente. Nunca olvidemos que, en el universo, cada persona es un individuo único, singular.

Recuerdo un dilema que se me planteó cuando dos de mis compañeros en el campo de concentración, un hombre y una mujer, estaban a punto de suicidarse. Ambos me dijeron que ya no esperaban nada más de la vida. Les pregunté si en verdad se trataba de que esperásemos algo de la vida. No sería más bien, les pregunté, ¿qué espera la vida de nosotros? Mencioné que la vida sí esperaba algo de ellos. Efectivamente, en el extranjero un hijo de la mujer la aguardaba, y el hombre había comenzado a escribir y hasta a publicar una obra en varios volúmenes, que estaba inconclusa.

He dicho que el ser humano no debe preguntar qué puede esperar de la vida; ha de saber más bien que la vida espera algo de él...La vida le plantea sus problemas a él, y a él le toca responder y asumir la responsabilidad...

La vida es una tarea. La única diferencia entre la persona religiosa y la que se dice irreligiosa consiste en que la primera reconoce que su existencia no es sólo una tarea sino una misión. En consecuencia, conoce al Maestro de la obra, al autor de su misión. Desde hace miles de años, a este autor se le ha llamado Dios.

Si se la considera desde ese punto de vista, la vida nos ofrece un maravilloso propósito: que la vivamos en servicio de otros; entonces, cuando llegue la muerte, estaremos preparados para ver a Dios. He estado a la cabecera de muchos moribundos. Es obvio que algunos mueren en paz; otros, atormentados. La diferencia parece estar en cómo han vivido. ¿Entregaron sus vidas en servicio, o vivieron de manera egoísta? Al final, la relación con el prójimo y con Dios es lo único que cuenta.

Vivir de manera egoísta significa estar constantemente consciente de lo que hay que renunciar, aunque de vez en cuando hagamos algún sacrificio. Pero, a la postre, si vivimos así, miramos toda la vida desde un punto de vista personal y subjetivo. Tal modo de vivir trae muy poca paz, mientras que servir a los demás nos salva de ese problema porque nos recuerda para qué vivimos; nos hace olvidarnos de nosotros mismos; nos da nuevas perspectivas, y nos hace ver nuestras vidas en proporción con el resto del universo.

El verdadero servicio siempre es acto de amor. Fácil resulta olvidar esta verdad, aun en una comunidad religiosa como la mía, donde el servicio es un elemento central del compromiso que cada miembro hace. Cuando nuestro trabajo se convierte en su propia meta, perdemos de vista el amor que le da su más profundo significado y, poco a poco, se torna en ocupación rutinaria sin sentido. Llevada a cabo con amor, sin embargo, la tarea más habitual cobra significado. Sin amor, la tarea más noble puede volverse monótona y pesada.

Tiempo atrás, visité Plum Village (aldea de los ciruelos), la comunidad budista de Thich Nhat Hanh, ubicada en Francia. Me llamó la atención que los residentes ponen en práctica el concepto del trabajo como servicio.

Siempre hay mucho que hacer en la Aldea de los Ciruelos: edificios nuevos por construir, viejas casas por renovar, varias huertas por mantener. Con todo, allí no se ve mal que se trabaje por trabajar. Pues, en vez de insistir — como acostumbramos en Occidente — en tener cumplida una meta o haber llenado una cuota al caer la tarde de cada día, la gente de la Aldea de los Ciruelos fomenta el ideal de "vivir en el presente". Cada situación, cada acto, cada encuentro con otro ser humano es una oportunidad para "vivir más plenamente". Así me lo explicó uno de sus residentes:

> El arte de trabajar con los sentidos despiertos y alertas — en plenitud de conciencia — nos ayuda a revisar el concepto de nuestra tan cacareada eficiencia, a examinar nuestra obsesión con metas por alcanzar, y con hacerlo todo "a la perfección". Nos obliga a revisar la noción de si somos capaces o incapaces de cumplir ciertas tareas; nos ayuda a descubrir la alegría que debería animar cualquier actividad: escribir, limpiar, lavar y tender la ropa, etc. Cada vez que no hacemos nuestro trabajo en plenitud de conciencia, el ajetreo destruye nuestra armonía y felicidad.

Un cántico que se usa en la Aldea ilumina esa actitud y revela las prioridades que mantienen, al menos en lo que a servir se refiere:

Prometo causar alegría a una persona por la mañana
   y aliviar la tristeza de otra por la tarde.
Prometo vivir sencilla y sanamente,
   contento con pocas posesiones.
Prometo mantener la salud de mi cuerpo.
Prometo desprenderme de toda preocupación y ansiedad
   para ser libre y ligero.

Los escépticos podrían denigrar ese concepto del trabajo, llamándole noción demasiado altruista o afectada. Pero les convendría recordar que poner en práctica el evangelio requiere, más que nada, servir al prójimo. ¡Que tampoco lo olvidemos nosotros! Servir es la esencia de lo que Jesús nos ha enseñado por su ejemplo; y nos ha prometido que, si seguimos sus huellas, nos dará la paz que sobrepasa todo entendimiento.

Jesucristo no salva a todos los que le dicen: "Señor, Señor". Pero salva a los que, de corazón puro, dan un pedazo de pan a un hambriento, sin siquiera pensar en Él. Y ésos mismos, cuando Él les da las gracias, responden: "Señor, ¿cuándo te dimos de comer?"…Un ateo o un "infiel" que es capaz de un puro acto de compasión, está tan cerca de Dios como lo estaría un cristiano, y lo conoce, aunque exprese su conocimiento en silencio o con palabras diferentes; porque "Dios es amor".
                                                                                        Simone Weil

V

La vida abundante

Miramos a la vida y no podemos
desenredar la eterna canción:
Aros y nudos de alegría y tristeza
atados todos y entrelazados.

El Ramayana

La vida abundante

Jamás alcanzaremos un perfecto estado de paz—nunca lo alcanzaremos de una vez por todas. Por más cuidado que tengamos al pisar cada estriberón para cruzar la corriente de agua, seremos los mismos de antes en la orilla opuesta.

Con todo, no cabe duda de que, una vez conocemos la paz en nuestro fuero interno, se nos abre una nueva dimensión de la vida. Esa nueva dimensión abarca mucho más que un estado de serenidad. Es la nueva existencia que prometió Jesús cuando dijo: "Yo he venido para que tengan vida, y la tengan en abundancia".

De los muchos que contribuyeron a este libro, hubo quienes me dijeron que ese versículo del evangelio de Juan, más que nada, fue lo que los puso en camino. Agregaron que buscar la paz—así, como si fuera un fin en sí mismo, como quien dice: "Bien, ya estoy en paz. ¿Y ahora, qué?"—es un ejercicio egoísta, ni más ni menos.

En cuanto a las palabras "vida en abundancia", muchos dijeron que son las palabras que mejor describen lo que buscan, y no sólo para sí mismos: vivir en libertad y alegría, y en compromiso de responsabilidad, compasión, justicia y unidad. No se trata de una vida sin lágrimas ni sufrimiento, sino una vida en la cual el pesar también encuentra su sitio dentro del majestuoso marco que es el futuro Reino de Dios, donde reinará la paz perfecta.

Josef Ben-Eliezer, europeo de descendencia judía, vino hace muchos años a nuestra comunidad en busca de esa vida. Reconoce, sin embargo, que el ateo que él era entonces no la habría descrito de igual manera.

El odio y el derramamiento de sangre que presencié cuando niño y adolescente, sobre todo en la Segunda Guerra

Mundial, fueron lo que inspiró mi búsqueda. Mi familia huyó de Alemania a Polonia, luego a Siberia y, finalmente, a Israel. Sabía intuitivamente que, si no encontraba paz en el contexto de remediar la falta universal de hermandad, nunca daría con ella. Eso fue lo que me impulsó a buscarla.

En Israel, primero estuve involucrado en el movimiento de liberación nacional y en los conflictos que ese movimiento acarreaba, pero me desligué de él al comprobar que, una vez en el poder, los oprimidos tornáronse opresores. Luego busqué una respuesta en la revolución mundial. Estudié a Marx, Lenín y Trotsky. Y después, en París, participé en varias causas izquierdistas. Pero me preocupaba más y más una pregunta insistente: Si triunfa la revolución, ¿qué garantía hay de que los que ahora ejercen el poder no oprimirán a las masas a su vez, tal como – por ejemplo – sucedió en Rusia?

Cuando llegué al Bruderhof supe que los cristianos primitivos inspiraron su vida comunitaria. Me llamó la atención que la iglesia cristiana original había sido un movimiento genuinamente revolucionario. No se limitó a proclamar un nuevo orden sino que lo practicó. Y, si bien esa iglesia primitiva se centraba – como se centra el Bruderhof – en Jesucristo, no se trata del Jesús del cristianismo convencional sino del verdadero, del histórico Hijo de Dios, quien tiene el poder de vencer las divisiones entre personas y entre naciones...

Encontré allí la unión de corazones que había añorado por años. Todo ser humano la añora, me parece. Desde luego que, para que esa unidad sea posible, debe haber transformación interior en cada uno de nosotros. Por eso nos llamó Jesús a arrepentirnos, a revolucionar nuestras vidas, a trastrocarnos. Tuve que experimentar una muda como esa, y sigo experimentándola. Pero Jesús no nos enseñó a buscar la tranquilidad del alma para beneficio nuestro. Él nos dijo: "Busquen primero el Reino de Dios".

En su libro, *Inner Land* (El país interior), mi abuelo habla de la búsqueda por la paz en términos parecidos. Allí dice que se equivocan —y son muchos— los que logran su propia felicidad, y, con ello, creen hallar la paz. La paz del alma no es lo mismo que la satisfacción emocional; es mucho más grande que la felicidad individual. "Un impulso totalmente diferente me puso en el sendero del discipulado, a saber, el llamado que revela la voluntad de Dios al que sigue a Jesucristo; aquel llamado que procede de su futuro Reino y coloca la justicia y el honor por encima del bienestar personal".

La verdadera paz interior, continúa diciendo, tiene que ser algo más que tranquilidad del alma. Ciertamente, la comunión con Jesucristo y con los que nos rodean exige que uno esté en paz consigo mismo. Pero hay más: debe estar libre de motivos divisivos porque "la unidad es un fruto de la voluntad divina, y, gracias a ella, toda condición, toda relación, toda cosa, toda acción se expone a la luz redentora del Reino de Dios".

Jane Clement, poeta, maestra y escritora, renunció a su carrera para integrarse en nuestra comunidad. Dice que buscó la paz interior durante años. La encontró sólo cuando abandonó la búsqueda y centró su vida en algo mayor que ella misma.

En el continuo proceso de librarnos de nuestro yo, dependemos de Dios. No buscamos nuestro propio perfeccionamiento sino el del Reino. La actividad armoniosa de la comunidad que nos rodea es nuestra meta, no la autodisciplina...Para mí fue una gran liberación admitir que mi persona tiene poca importancia, porque ese reconocimiento me trajo la tranquilidad y reconciliación internas que antes había buscado mediante el examen de conciencia y una escrupulosidad excesiva.

Pocos son los que tienen una experiencia de liberación parecida. La mayoría se resigna a la discordia y a la ausencia de paz. "Así es la vida", dicen, y olvidan los tesoros que Dios tiene guardados para nosotros y quiere darnos. Raros son los momentos en que vislumbramos su grandeza. Por lo general, las distracciones de la vida cotidiana nos impiden ver más allá de nuestras narices, amén de nuestra estupidez y torpeza. Si es que buscamos la paz, tendemos a hacerlo de manera egoísta.

Thomas Merton habla de su propio anhelo por paz en su vida, y propone que esa búsqueda esté acompañada de lo que él llama "la receptividad del amor".

> Cuando llegué a este monasterio, estuve en rebelión contra la confusión insensata y el absurdo de una vida en la que hubo tanta actividad, tanto vaivén, tanta palabrería vana y tanto estímulo superficial e innecesario que ya ni recordaba quién yo era. A pesar de todo, mi huida del mundo no es un reproche a ustedes, los que permanecen en él. No tengo ningún derecho a rechazar el mundo en forma meramente negativa, porque, si lo hiciera, entonces mi huida me habrá llevado, no a la verdad y a Dios, sino a una ilusión personal mía, por más piadosa que sea.
>
> La vida contemplativa es la búsqueda por la paz, pero no es una búsqueda abstracta que excluye toda realidad externa, una estéril y negativa cerrazón de los sentidos al mundo. Es una búsqueda que se hace con la receptividad del amor.

Mary Wiser y su familia forman parte de nuestra comunidad desde hace muchos años. Mary recuerda que ya de niña quiso saber cuál era el significado de la vida, y no tardó en descubrir que se trata de mucho más que vivir con tranquilidad y haber logrado felicidad personal:

Un hilo corre a lo largo de mi vida—la búsqueda del Reino de Dios. Siempre he sido (¡y soy!), desde niña, apegada a quienes amo, y siempre he amado a este mundo—amado a la Tierra. No obstante, siempre también he estado consciente de que hay un país más luminoso, más vibrante que este mundo terrenal, y que ese país era el mío.

Desde muy joven sabía que Jesús dice: "Busquen primero el Reino de los cielos…" y "El que no odia a su padre y a su madre…" Sentía que Jesús me llamaba, pero también respetaba las convicciones de mis padres, para quienes la expresión más alta del amor y de la felicidad consistía en vivir para la familia. En la iglesia, solía mirar a la gente que, soñolienta, cantaba : "Fe de nuestros padres…si pudiéramos, como ellos, morir por ti". ¿Sabían acaso lo que estaban diciendo? Cuando me integré a la iglesia a los doce años de edad, quedé perpleja porque aquellas palabras no parecían ser gran cosa para muchos. Las reuniones de evangelización a la misma vez me atraían tanto como me repelían.

¿Y la guerra? Yo nací en 1918, justo cuando terminó la Primera Guerra Mundial, en un apartado rincón del estado de Nueva York. Sin embargo, algunos de mis primeros recuerdos son los de oír a excombatientes contar sus experiencias en Francia. Un día, una amiguita y yo descubrimos, en la sala de su abuela, unas fotografías de la guerra de trincheras. No podía creerlo: ¡gente que yo conocía era capaz de matar a otros seres humanos!

Nuestra Iglesia Metodista ofrecía una serie de conferencias sobre asuntos relacionados con la paz, y yo me las tragué todas. En la escuela secundaria hice una investigación sobre las causas de la guerra. A nadie le interesó. Mi padre hubiese preferido que yo siguiera el derrotero normal—una buena universidad, un empleo seguro, una vida "normal". Pero al terminar los estudios secundarios, empecé a pensar en términos mucho más amplios que el ambiente burgués y conservador de mi barrio residencial. ¡Tenía ansias de vivir! "He venido para que tengan vida, y la tengan en abundancia": estas palabras resonaban en mi alma.

Mary recibió una beca en la universidad de Cornell. Allí descubrió los amplios horizontes de un mundo estudiantil que estaba bajo el influjo del humanismo seglar, de la política progresista y de la libertad en cuanto a las costumbres sexuales. También hizo amistad con jóvenes que eran de su parecer respecto al racismo y la guerra.

En aquellos días se nos habría llamado extremistas. Fue la época de la guerra civil española. En Alemania, Hitler ya había llegado al poder. Tuvimos que reexaminar nuestro pacifismo; nuestro grupo disminuyó.

Por primera vez en mi vida, en mi último año de estudios atravesé por un período de depresión. Poco a poco había abandonado mi creencia básica en Jesucristo y, aunque siempre creía en el mensaje social del evangelio, había perdido la serenidad de mi niñez.

Luego de enseñar por un tiempo en una escuela secundaria, Mary conoció a Art Wiser, un tenaz pacifista y activista contra la guerra. Se casó con él, "aunque nunca había oído hablar de objetores de conciencia hasta que fui a la universidad." Sólo después de casarse, se enteró de que Art no creía en Dios; pero confiaba en su integridad y en su reverencia por el Sermón del Monte.

Los años 1941 a 1945 pusieron a prueba a toda nuestra generación. Iba a ser la "última guerra justa", y se trataba con desprecio a los objetores de conciencia que, como mi esposo rehusaron hacer frente a Hitler. Sufrimos al pensar en los amigos que fueron a la guerra, al mismo tiempo de estar conscientes de los millones que sufrían en países de ultramar devastados por la guerra.

En mi iglesia había una bandera estadounidense al lado del púlpito, y nunca más volví a entrar allí.

Durante la guerra, la mayoría de los objetores de conciencia fueron internados, Art con ellos. Lo enviaron a un campamento del Servicio Público Civil en la Dakota del Norte. Mary mudóse allá para estar cerca de él, y encontró trabajo en una pequeña escuela de campo. Reinaba un fuerte sentimiento antialemán. Los pacifistas no eran bienvenidos.

Poco antes del final de la guerra, Art se sintió obligado a protestar contra toda la maquinaria bélica – no quería tener nada más que ver con ella – y salió caminando del campamento. Enseguida lo arrestaron y lo encarcelaron por varios meses.

Compartimos la experiencia de aquellos años con otras parejas que buscaban una vida de integridad y sencillez, una vida que comenzara por eliminar las causas mismas de la guerra. Nos decidimos a estudiar "comunidad", y más adelante fuimos a vivir con algunos de ellos en una comunidad en el estado de Georgia. Al compartir la vida diaria se hizo evidente que nos habíamos metido en camisa de once varas: pretendíamos combatir el mal, y estábamos desunidos en cuanto a nuestras diversas ideas y creencias.

Art y yo sentimos el "espíritu del Reino" en muchos amigos y en varias causas nobles, cristianas o no, y mucha bondad en gente "buena." Pero seguíamos ciegos al Rey de ese Reino, al único poder capaz de hacer frente al mal en la sociedad y en cada ser humano. Finalmente me di cuenta de que había intentado descifrar a Jesús con la mente, pero nunca me había detenido a preguntarle a Él mismo quién era; una vez lo hice, descubrí que ya no me costaba esfuerzo creer en Él. Más tarde le conté mi experiencia a un buen amigo. Nunca olvidaré su respuesta: "A mí me pasó exactamente lo mismo, sólo que, además, yo fui juzgado." Esta humildad me conmovió, y en aquel momento supe que yo también necesitaba y deseaba ser juzgada.

Al recordar aquellas experiencias, Mary reconoce, como nunca antes, el significado del arrepentimiento:

Ahora sé que con mi buena opinión de mi misma, y con mi ambición de que Dios me usara, en realidad me oponía al Reino. Me apropiaba de los dones de Dios y no estaba dispuesta a exponer mi corazón rebelde. Pasó mucho tiempo antes de que la luz penetrara los lugares recónditos de mi corazón, pero con la ayuda de hermanos y hermanas luché hasta que lo externo y lo interno se igualaron, y me sentí maravillosamente liberada.

No creo que mis valores hayan cambiado desde mi juventud, pero sí han cobrado un significado más profundo: lo que era idealismo de fraternidad e igualdad entre los hombres, hoy se manifiesta en una vida práctica entre hermanos y hermanas comprometidos para siempre en mutua solidaridad. La última oración de Jesús – que todos seamos uno como Él es uno con el Padre – es mi sostén y mi gozo. Físicamente ya no soy tan activa como antes, pero valoro mucho más la oración por el maravilloso don que es, y por la responsabilidad que me impone.

Sí, conozco la paz que da Jesús. No es una ininterrumpida serenidad; todavía hay luchas. Para mí, la paz es la lucha del Espíritu por conquistar todos los territorios, incluso el interno e invisible, y conquistarlos con las armas del amor para que Dios reine. Conocer esta paz y apreciarla como la perla de gran valor: esto da sentido a mi vida.

Sabemos que la batalla por el Reino se libra en todo el universo, y me llena de asombro pensar que el Hijo de Dios llegó a esta tierra y nos acompaña a través de nuestras luchas tan mezquinas. Estoy segura de que nuestras pequeñas historias personales también forman parte de esa batalla, porque son obra de Dios; y temblorosa miro hacia la eternidad como la continuación de su grandiosa historia.

Los pensamientos de Mary nos llevan más allá de la búsqueda por la paz interna y nos vuelven hacia aquella paradójica verdad de que es quien pierde su vida que la encontrará. Todo el que entrega su vida por el Reino tan cabalmente que su anhelo personal de realizarse pierde toda importancia, volverá a recibirla cien veces más.

Nuestra vida no se hará más angosta, sino más ancha; no más constreñida, sino más ilimitada; no más pedante, sino más abundante; no más sobria, sino más entusiasta; no más miedosa, sino más atrevida; no más vacía y humana, sino más llena de Dios; no más triste, sino más feliz; no más incapaz, sino más creadora. Todo esto es Jesús con su espíritu de libertad y de paz. Él viene hacia nosotros. ¡Marchemos nosotros hacia su futuro, radiantes de alegría! *Eberhard Arnold*

Seguridad

A mi entender, Dios no quiere que finjamos en cuanto al miedo — que lo neguemos o le quitemos toda sustancia. El miedo nos recuerda que somos criaturas frágiles, vulnerables, completamente dependientes de Dios. Pero no debe dominarnos, gobernarnos, determinarnos. Más bien, el miedo debe someterse a la fe y al amor. De lo contrario, puede volvernos incrédulos, serviles e inhumanos.

Conozco bien ese conflicto: contener mi temor, rechazar su férula, reconocer que el temor sólo tiene en cuenta las apariencias, mientras que la fe y el amor miran la esencia, la realidad, la jurisdicción de Dios, y nos conjuran, por decirlo así, con un: "¡Cobrad ánimo; yo soy, no temáis!"

Philip Berrigan

Conocí a la Madre Teresa y dos veces tuve el privilegio de encontrarme con ella. Su serena seguridad me llamó la atención en ambas ocasiones. La Madre Teresa ya pasó a la historia, y fue, antes que nada, por su trabajo con los abandonados y con los moribundos de Calcuta que se le recuerda. Mereció el reconocimiento que se le ha dispensado, pero cualquiera que haya pasado tiempo en servir a los pobres sabe que las buenas obras de por sí no brindan satisfacción. En verdad, muchos sólo cosechan frustración y agotamiento como recompensa por sus esfuerzos. Porque la Madre Teresa se sentía segura de su llamado y de su lugar en la vida, su serenidad estaba arraigada en algo más profundo que su labor.

La seguridad estriba en muchas cosas: en sentir confianza, y en no albergar temores, preocupaciones ni dudas sobre uno mismo. También requiere saber cuáles son nuestras metas, nuestra identidad y nuestro propósito en este mundo. La presencia de propósito era muy notable en la Madre Teresa. Según la analogía que ella misma usó, era como un lápiz en la mano de Dios. Eso le daba ánimo, por más que se le criticara o se le difamara.

Pocos tienen hoy día sentido tan vigoroso de su propia identidad. En el siglo diecinueve ya lo observó el filósofo y escritor dinamarqués Søren Kierkegaard: La mayoría de la gente teme no solamente sostener una opinión contraria, sino opinar siquiera. ¿Sorprenderá, pues, que sean tan pocos los que encuentran paz? No sugiero que debemos tratar de imitar el ardor y la dedicación de una Madre Teresa. Según de diferentes son las personas, así de diferentes los llamamientos que les inspiran. La ruta hacia la paz es larga y difícil por lo general, llena de vueltas y revueltas repentinas. No desdeñemos, sin embargo, la estabilidad interna que logra quien se siente seguro ante Dios porque nadie le puede quitar ese fruto de paz.

Winifred Dyroff, joven maestra oriunda de Inglaterra, llegó a nuestra pequeña comunidad alemana en los 1930. En aquel entonces, visto por fuera el Bruderhof no era muy atractivo. Integrarse significaba vivir en extrema pobreza, en un país foráneo que se preparaba para la guerra contra el propio, aceptar costumbres ajenas y aprender un nuevo idioma. Winifred, sin embargo, estaba segura de que había acertado al elegir su camino.

No me atraía lo material; fue la certeza de un llamado que acarrea batallas pero promete paz. Para la comunidad, desesperadamente pobre, la vida era difícil y ruda. Nada de eso me desanimó. En medio de un mundo que estaba por destrozarse, he aquí un lugar donde todos vivían en armonía. Habían dado con la solución y la habían puesto en práctica al abolir las diferencias de clases y las desigualdades sociales, al abandonar la propiedad privada y hacer fondo común de todos los bienes. Nadie era propietario de nada, todos compartían cuanto poseían. Y aquello no era mera visión, o algo que leemos en el Libro de los Hechos. Aquello era real.

Cuando decidí integrarme a la comunidad, sentí que, por fin, la paz de Dios – anhelada por tantos años mientras enseñaba y trabajaba en los arrabales de Londres – estaba conmigo. Claro está, tuve que renunciar a muchas cosas para gozar de esa paz: al hogar de mis padres, a mi país, mi lengua materna, mis amistades, a las comodidades de una vida burguesa y a mucho más.

Nadie entendió por qué lo hacía, y me dolió que seres muy queridos fuesen capaces hasta de odiarme. Luego descubrí que tenía que abandonar mucho más aún: mi individualismo (aunque nunca mi conciencia), mi terquedad y muchas de mis más arraigadas opiniones.

A cambio, encontré grande e inmerecido amor, y la paz de que habla Jesús, o sea la certeza de que Dios me ayudará en cada trance y estará conmigo hasta en la muerte. He pasado por situaciones aterradoras: el horror de la Segunda Guerra Mundial, y un azaroso viaje a América del Sur en medio de la Batalla del Atlántico, durante el cual nació mi primera hija. Hubo momentos de extremo peligro, y a veces el miedo comprimió mi corazón, pero en el fondo siempre tuve una extraña calma interna, una confianza total en Dios. ¿En quién más podía confiar? Me sentí en paz porque sabía que en medio de cualquier peligro se haría la voluntad de Dios. Él nos tiene, a cada uno de nosotros, en sus manos.

Nada de eso sucedió "por casualidad". Nada en la vida sucede por casualidad, ni te cae la paz en las manos así porque sí. Siempre habrá lucha, y siempre habrá decisiones que tomar.

Repito que me llevó muchos años encontrar esa paz. Vacilaba entre servir a Dios y servir al mundo, y mis vacilaciones no me dieron tregua. Me imagino que todos los jóvenes atraviesan por experiencias de anhelo y frustración, y a veces de gran confusión. Sé lo que me ayudó a mí, y les aconsejo que hagan lo mismo: ¡Busquen! Busquen hasta que encuentren, y no se den por vencidos. Y aunque crean no tener fe, no dejen de orar; Dios oye los gemidos aun de el que no cree. Serán sostén y amparo a cada paso. No se rindan y, sobre todo, eviten las tentaciones que distraen de la meta anhelada. Cuando caigan, levántense y sigan adelante.

Como casi todo en la vida, la seguridad no es algo constante. La trae la paz, por cierto, pero sin garantías de que cesarán luchas y angustias—más bien consiste en la certeza de que éstas pueden superarse. Al comienzo de la Primera Guerra Mundial en 1914, mi abuelo escribió lo siguiente:

Nos alarma el mundo, y nuestros estados de ánimo nos inquietan. Pero la paz de Jesús no es un estado de ánimo; es algo diferente, más que satisfacción o un sentido de bienestar. En la medida en que el mundo busca lo más noble, también conoce la "paz" que traen la serenidad y la resignación. Pero carece de la convicción del alma de haber encontrado en Dios su destino y su verdadera vida. Esa convicción es la certeza, firmemente establecida, de que el Crucificado, y sólo Él, es fuente y sostén de nuestra paz, porque Él ha quitado con el pecado, lo cual no permite la paz…

Los estados de ánimo, los sentimientos, van y vienen; son incentivos del amor que nos invita a agarrarnos de la mano de Jesucristo para que Él nos guíe. Poco a poco, el carácter se fortalece desde adentro, hasta que los altibajos de nuestras emociones apenas perturban la vida interior del alma.

Así como las aguas de un río se renuevan constantemente y nunca se estancan ni se secan, así también la paz es siempre nueva y fresca. Cuando sopla un viento fuerte contra la corriente del río, se riza su superficie y la corriente parece ir a la inversa. En realidad no puede cambiar de dirección. En lo profundo de su cauce sigue su curso, sin importarle cuántos vendavales soplen para detenerlo. Que se haga, pues, con nosotros lo que se quiera: si la paz reina en nuestras almas, estaremos seguros de nuestro rumbo y nada podrá agitarnos.

En mi libro *No tengas miedo*, traté un tema que pone en peligro la serenidad del alma: el miedo universal a la muerte. Basta decir aquí que la convicción de nuestra fe es capaz de vencer tal desafío a la paz, como también lo es el amor, según nos dice el apóstol Juan: "El amor perfecto echa fuera al temor."

Si alguien tenía por qué temer la muerte, era Martin Luther King. Persona de gran carisma, crítico sin rodeos, arriesgó su vida una y otra vez en la lucha por la igualdad racial. Finalmente, le costó el supremo sacrificio. Sin duda, como cualquier otro ser humano, King tuvo miedo de morir, aunque las pocas veces que le vi y escuché hablar, irradiaba tranquilidad y paz profundas. Era un hombre que nunca dudó de su misión, nunca permitió que el precio de llevarla a cabo lo paralizara.

"El hombre que teme a la muerte no es libre", dijo King en 1963 a la muchedumbre reunida en un mitin por derechos civiles. Al instante en que vencemos el temor a la muerte, somos libres". Sus amigos le suplicaron que tomara menos riesgos, pero no hizo caso. "No puedo preocuparme por mi seguridad", les decía. "No puedo vivir con miedo. Tengo que trabajar. Si hay un temor que he vencido, es el temor a la muerte…Yo les digo que no es digno de vivir quien no haya encontrado una causa por la cual está dispuesto a morir".

Cuando la madre de Magdalena Boller, joven adolescente de mi comunidad, murió repentinamente, Magdalena conoció esa libertad del temor en circunstancias muy diferentes. Al recordar esa experiencia, recalca una verdad importante, a saber, que el corazón lleno de paz y tranquilidad puede transmitirlas a los demás.

La paz entró en mi vida de manera extraña y maravillosa, rebosando de mi madre en un momento de gran dolor.

Félix, mi hermanito menor, tenía sólo nueve meses cuando contrajo una grave enfermedad de la que murió poco después. Vivíamos en una región aislada de América del Sur, donde la asistencia médica era limitada y primitiva. En aquel momento mi madre escribió en su diario:

> El pulso de Félix es débil. Monika, nuestra enfermera, le dio una inyección de alcanfor, y sentí cómo el pulso le volvía... De repente abrió los ojos, muy abiertos. Se abrieron más aun. Eran de un azul celeste...pero luego, esos ojos se tornaron vidriosos. Fui la única que se dio cuenta. "¡Moni, se está muriendo!" exclamé. Juntamos las manos. En ferviente súplica, las palabras de nuestra oración subieron al cielo: "Señor, dale vida, si es tu voluntad." Pero pronto me di cuenta de que la decisión ya se había tomado: Félix se iba. "¡Ven, Jesús!" Sentí que me arrancaban las palabras del corazón. Sí, Jesús había venido; vino a llevarse a mi niño. El corazoncito aun le latía débilmente. Otra inyección, y luego respiración artificial, hasta que al fin supimos que era demasiado tarde.
>
> Monika me da mi hijito; lo tomo en mis brazos. Mi bebé yace en mi regazo, silenciosa y suavemente su pequeña alma pasa a la eternidad. O ¿será que la eternidad viene hacia nosotros? A mi lado, mi querido esposo siente lo mismo. Hay paz alrededor y dentro de nosotros. Calma, eterna calma. Nuestro hijo regresa a estar con los ángeles de donde había

venido. ¡Guarda silencio; no hables ahora! Con qué gran dolor te parí, hijo mío. ¿Será alegría o dolor lo que llena mi corazón? No lo sé. Sólo sé que devuelvo mi hijo a Dios, quien me lo dio a mí. Y ahora, poco a poco, mi niño se pone frío en mi regazo.

Era un domingo por la mañana. Acabábamos de regresar del paseo. Una vecina me llevó aparte para decirme que mi hermanito había muerto. Quedé deshecha, y corrí como loca hacia su cuarto. Allí estaba Mamá. Por entre sus lágrimas, me miró con mucho amor y me tomó en sus brazos. Al fin, dijo: "Félix se ha ido con Jesús." Su paz y aceptación me conmovieron.

Nueve años más tarde, sufrí el profundo dolor de que mi madre muriera repentinamente. Yo tenía diecisiete años. Mamá era el alma de la familia. Durante todo un año la había visto muy poco porque yo estudiaba fuera de casa. Ahora ya no estaba, y yo me había perdido el último año de su vida. Simplemente no pude aceptar la noticia de su muerte. ¿Por qué tenía que pasar esto?

En medio de mi desesperación, recordé a mi madre, la cara bañada en lágrimas pero radiante: la vi a la cabecera de mi hermanito, tantos años atrás. Y con esa memoria, la misma paz y tranquilidad que Mamá había manifestado en su dolor, entró a mi corazón como si fuera su regalo de despedida para mí.

La paz que sintió Magdalena puede parecer extraña; en cierto sentido, lo es. Sin embargo, todos tenemos la misma promesa de Jesús: "Mi paz os doy." Tal vez sea tan poco común esa paz porque la mayoría no queremos aceptarla. Dice Tolstoi:

La gente pone en duda mi falta de temor y supone que hay algo místico en mi manera de ver vida y muerte. Pero no hay nada por el estilo. Me gusta mi jardín, me gusta leer un libro, me gusta acariciar a un niño. Al morir pierdo todo esto y, por lo tanto, no quiero morir, temo a la muerte.

Si mi vida consistiera de satisfacer una multitud de deseos temporales, tendría motivo para temer lo que les pone fin. Pero cuanto más renuncio a ellos y permito que mi corazón haga lugar para uno solo—el deseo de hacer la voluntad de Dios y entregarme a Él—tanto más me libero de ese temor, y poco a poco la muerte deja de existir para mí. Y si todos mis deseos fuesen totalmente transformados, sólo quedaría la vida y no habría más muerte.

El sendero de la vida requiere que reemplacemos lo terrenal y lo temporal con lo eterno, y es éste el camino que hay que seguir. Pero a cada uno le toca reconocer en qué estado se encuentra su alma.

Entereza

¿Cómo no vamos a perder nuestras almas, cuando todo y todos nos tiran en diferentes direcciones? ¿Cómo podemos preservar nuestra entereza, cuando constantemente estamos fraccionados?

Jesucristo dice: "Pero no perecerá ni un cabello de vuestra cabeza. Con vuestra perseverancia salvaréis vuestras almas". (Lucas 21:18–19) Podemos sobrevivir en este mundo sólo si confiamos en que Dios nos conoce más íntimamente que lo que nos conocemos nosotros mismos. Podemos mantener nuestra entereza sólo si creemos que es Dios quien nos mantiene. Sólo podemos ganar nuestras vidas si perseveramos en la seguridad de que la más mínima parte de nosotros – cada uno de nuestros cabellos – está completamente seguro en el abrazo divino de nuestro Señor. O, dicho de otro modo: no tenemos nada que temer si somos constantes en nuestra vida espiritual.

Henri Nouwen

Por más que la búsqueda por la paz parezca ser algo particular a cada uno de nosotros, un hilo común las conecta todas. En mayor o menor grado, todo el mundo se encuentra en camino hacia la entereza. Hay quienes dirán que buscan la paz de su fuero interno; otros, un corazón sosegado. Éstos buscan hermandad; aquéllos, la armonía mundial. En el fondo, lo que motiva toda esa búsqueda es el sentido de la fragmentación de la vida y el deseo de superarla.

Un buen amigo, Charles Headland, me dijo una vez que lo que le llevó a buscar paz fue el fraccionamiento de su vida. Era contador de una importante empresa comercial, y allí tenía su círculo de amigos; como pacifista activo, tenía otro círculo de amigos; y como miembro de una iglesia, aún otro. Finalmente, tenía a su familia. No había conexión entre los cuatro sectores, y cada día — como un malabarista — ponía en equilibrio su tiempo para cumplir con sus diversas obligaciones.

John Hinde, londinense y copastor mío, tampoco se sentía a gusto en su manera de vivir cuando, poco antes de estallar la Segunda Guerra Mundial, se hizo pacifista. Dice que, después de horas de trabajo y en los fines de semana, era muy activo en el movimiento por la paz, y hacía lo que podía para manifestar su oposición al conflicto armado. Pero se ganaba la vida como corredor en la compañía de seguros Lloyd de Londres, y a diario contribuía a la mismísima división de clases y lucha social que engendra la guerra.

La vida está llena de divisiones: entre el hogar y el trabajo; lo privado y lo público; el empleo y la recreación; lo político, lo profesional y lo personal. De por sí, eso no tiene nada de malo. Los problemas surgen cuando hay contradicciones y conflictos entre esas áreas. A poco, la inconsistencia se convierte en acomodación y, luego, aun en hipocresía. Un ejemplo elocuente es el que nos cuenta Barbara Greenyer. Con su esposo, vino a ser partícipe de nuestra vida comunal a principios de la Segunda Guerra Mundial.

A fines de los años '30, en un proyecto para fomentar la comunicación y el mutuo entendimiento, nuestro grupo pacifista invitó a algunos jóvenes de una iglesia alemana a pasar unos días con nosotros. Les hospedaríamos en nuestros hogares. Todos militaban en la Juventud Hitleriana. Vino una sola muchacha. (Hoy, cincuenta años más tarde, todavía me carteo con ella.) Regresó a su casa. Poco después estalló la guerra. Recuerdo mi indignación cuando me di cuenta de que la muchacha había pasado a ser "enemiga".

Para protestar por la matanza, mi esposo Kenneth y yo decidimos que no colaboraríamos con ningún aspecto de la guerra. Nos rehusamos a aceptar máscaras de gas o a construir un refugio porque nos parecía que el Ministerio de la Defensa procuraba darle al público un falso sentido de seguridad. Al poco tiempo, Kenneth recibió carta de nuestra iglesia Metodista, en la cual prohibían a nuestro grupo pacifista reunirse en la iglesia. En un arranque de ira contra los pacifistas, como una amenaza, el autor de la carta agregó lo que le haría a Kenneth si éste fuera su hijo. Mi primer impulso fue ir a ver a ese hombre y cantarle las cuarenta, pero Kenneth me recordó que ese hijo suyo estaba en el frente y que debíamos apiadarnos, más bien.

Cumplimos con la demanda del administrador, pero acto seguido vimos cara a cara el problema de nuestras relaciones con la iglesia. ¿Podíamos participar en sus servicios dominicales si apoyaba la guerra? Pensamos que no, y así se lo dijimos por escrito al pastor. Él trató de convencernos, pero nos mantuvimos firmes. Fue una decisión difícil porque la iglesia había sido el centro de nuestras vidas.

Daniel Berrigan ha escrito acerca de la "conciencia fragmentada" que es raíz de tal dilema. En épocas de paz, sacerdotes y pastores predican los diez mandamientos, "No matarás…" Llega la guerra e imparten bendiciones a los bombarderos. En la sociedad en general hay quienes protestan contra la guerra y favorecen el aborto; hay militaristas que están en contra del aborto, y activistas que se oponen al aborto pero que favorecen la pena de muerte; y así por el estilo. "Cada uno quiere erradicar un determinado mal, y cree que así contribuye a mejorar el mundo. Se olvida que es ilusorio estar a favor de la bomba y de los niños al mismo tiempo…"

El rabino Kenneth L. Cohen ha dicho algo similar. En un ensayo, recuerda a sus lectores la terrible ambivalencia que imperó en la vida de muchos nazis, esposos y padres afectuosos a la par que asesinos profesionales. "Asesinaban a judíos por la mañana y escuchaban música de Mozart por la tarde", se ha dicho. Éste, un ejemplo extremo, recalca adónde lleva un camino lleno de conflictos sin resolver — amenaza no sólo a la paz sino a la vida misma.

Jesucristo nos da respuestas simples y contundentes: nos dice que lo interno tiene que volverse como lo externo (y viceversa); que hay que perderlo todo para volver a encontrarlo todo; que para salvar la vida tenemos que entregarla. Nos exige una integridad monolítica que reúne en sí todos los aspectos de la vida, un continuo bregar por todo lo que es bueno y que da vida, y contra todo lo que causa destrucción y muerte.

Pues, ¿es la entereza condición previa para obtener la paz de Dios, o su resultado? ¿"Punto de apoyo", o producto? Como distintivo de la vida abundante que nos ofrece Jesucristo, veo en la entereza una característica de la paz, algo que emana de esta última, más bien que la manera de conseguirla.

Charles Moore, en su día profesor de seminario, vino con su esposa a vivir entre nosotros. Anheló esa entereza toda su vida, pero no la encontró. Concluyó, finalmente, que mientras su propia persona estuviera en el centro de su búsqueda, nunca daría con una respuesta satisfactoria. El centro de su vida tenía que ser Cristo. Sólo entonces caería todo lo demás en su verdadero sitio.

Cuando reflexiono sobre los últimos diez años de mi vida, me doy cuenta de haber vivido una lenta muerte de desintegración. Derroché las energías de mi juventud, no porque viviera una vida desenfrenada sino por la obsesión de tenerla bajo mi absoluto dominio. Vivía presa del afán de ser buena persona, de satisfacer las exigencias de la vida, de complacer a Dios, de obrar correctamente. ¡Tantas eran las causas justas por defender, tantos los conocimientos por adquirir, personas por conocer, las relaciones por cultivar, las obligaciones por cumplir, las oportunidades por explorar! Pero me fragmenté al echarme a ese torbellino, hasta que se escurrió la paz de mi alma y desapareció de mi vida.

Charles comprende, mejor hoy que en aquel entonces, cómo fue que las cosas llegaron a ese trance. Se había echado encima innumerables obligaciones y compromisos: una cátedra de filosofía y teología; contactos profesionales y sociales con colegas; la vida hogareña con su esposa Leslie; las relaciones con amigos y parientes; la iglesia a la que asistía y servía; un pequeño grupo comunitario al que él y Leslie pertenecían; y un sinfín de actividades que exigían su presencia más activismo de carácter social o político. Lo quería hacer todo, y consiguió todo lo que quería. Pero no había coherencia en su vida, que estaba fragmentada por dentro y por fuera.

No logré salir de ese embrollo, por más que me esforzara… Me aconsejé con un íntimo amigo; traté de pasar ratos de ocio y entretenimiento con mi esposa; reorganicé mis horas de estudio y de enseñanza; renuncié a ciertas obligaciones sociales, y así sucesivamente. Pero reducir, ajustar y enmendar – nada surtió efecto; mi vida seguía desconectada.

Además, estuve desorientado. Yo creía que seguir a Jesús significaba dedicarse cuerpo y alma, vivir consumido por el Reino de Dios. Si era así, ¿por qué no poseía yo esa paz

que nos fue prometida, la paz que "sobrepasa todo entendimiento?" ¿Por qué me sentía como si mi vida estuviera
despedazada? ¿Por qué estaba tan frustrado, tan nervioso,
tan exasperado? Nuestra sociedad es egoísta, individualista,
materialista y deja muy poco lugar para comunidad. *Mis*
necesidades, *mis* deseos y *mi* potencial, *mis* debilidades y *mis*
puntos fuertes son la fuerza motriz del individuo que intenta
descollar en ella…Había llegado el momento de decidir: o
bien seguiría viviendo de la misma manera y trataría de equi-
librar exigencias y relaciones; o bien comenzaría de nuevo,
pero sobre una base totalmente diferente, cuya premisa es la
comunidad (no el yo), el servicio mutuo (no la satisfacción
personal) y el Reino de Dios (no el mío).

Cuando Charles y Leslie se enteraron de la existencia de
nuestra comunidad, nos hicieron una larga visita después
de la cual tardaron varios años en decidirse a volver para
siempre. Ninguno de los dos diría que la vida del Bruderhof
es vocación para todos, o que vivir "en comunidad" es de
por sí el camino a la paz. Pero ambos dicen que el sentido
de entereza del cual gozan hoy está íntimamente ligado a
una vida que se comparte con otros. "En comunidad, lo
personal y lo comunitario, la vida de familia y de trabajo, lo
práctico y lo espiritual, no están en competencia sino que se
amalgaman. Y todo depende de la responsabilidad mutua
que aceptan los miembros, unos para con otros". Charles
continúa:

El problema de paz en mi vida nunca desaparecerá por
completo. Todavía estoy lejos de ser la persona que Dios
quiere que sea. Aunque la cruz supera ese abismo y me
aferro a ella en fe, la lucha contra la imperfección y el pecado
continúa. Pero ya no hay contradicción entre el intento de
mi corazón y el curso de mis acciones; ahora lo interno de
mi vida coincide con lo externo–y no es por mera fuerza de

voluntad, sino por un profundo sentido de la paz que viene de Dios... Dios reina en mi vida de nueva manera: me ha dado un sentido de entereza y una paz que nunca antes conocí.

Dios nos ha creado para comunidad, y para la fecunda y copiosa vida que engendra su paz. La comunidad no es una panacea, pero ofrece una forma de vida cuyas partes convergen en un todo armonioso. Ya no hay divisiones. Estoy en paz conmigo mismo, con los demás y con Dios; y cuando pierdo esa paz, tengo una base para recuperarla (o para que otros me ayuden a recuperarla). En vez de derrochar mis energías para que no se deshile mi vida, puedo olvidarme de mí mismo y gastarlas en algo que unifica la vida en vez de desgarrarla.

Mi paz es mucho más que un bien personal, porque no es realmente mía. Pertenece a un cuerpo cuyos miembros son mis hermanos y hermanas. Es un magnífico don de Dios, cuyo misterio entró en mi vida, no porque yo haya luchado para conseguirlo sino porque se me abrieron los ojos y, viendo más allá del mito de la autorealización, pude descubrir la realidad de la vida abundante. Esto es la gracia de Dios.

Alegría

No poseo nada que ustedes no tengan ya, pero hay mucho que pueden tomar y que yo no puedo darles. No podemos recibir el cielo mientras nuestros corazones no descansen en el presente. ¡Reciban el cielo! No hay paz en el futuro que no esté con nosotros ya en secreto. ¡Reciban la paz! La tristeza del mundo no es más que una sombra; tras ella, al alcance de la mano, está la alegría. ¡Reciban la alegría!

Hay resplandor y gloria en la oscuridad, si sólo pudiéramos verlos, y para ver tan sólo basta mirar. Les ruego que miren. La vida es muy generosa en dar, pero nosotros juzgamos sus dones por la envoltura y los desechamos por feos, pesados o duros. Quiten la envoltura, y encontrarán debajo un vivo esplendor, tejido de amor, de sabiduría, y de poder. ¡Denle la bienvenida, agárrenlo! Tocarán la mano del ángel que se lo trae.

Créanme: en todo lo que llamamos "prueba", "pena" o "deber", está la mano del ángel; están también el don y el milagro de una presencia que eclipsa todo. Lo mismo con nuestras alegrías: ¡No se den por satisfechos con meras alegrías: éstas también ocultan dones divinos!

Así pues, por ahora, les saludo — no con el saludo que ofrece el mundo sino con mi profundo aprecio y con el ruego, ahora y siempre, que Dios haga huir las sombras y haga amanecer el día sobre ustedes.

Fra Giovanni

En lo que se ha llamado su crítica más seria de la cristiandad, Federico Nietzsche se quejó una vez de que "el problema con los cristianos es que no tienen alegría". Sí, sabemos lo que es la felicidad, lo que nos agrada, nos complace y hasta nos apasiona; pero, ¿la alegría? De acuerdo con Molly Kelly, cuya historia ya relaté en este libro, hay una diferencia importante.

> Todos conocemos momentos de felicidad, pero felicidad no es lo mismo que alegría. Hay alegría sólo cuando hay paz. La felicidad a menudo es superficial y pasajera, mientras que la alegría penetra hasta el alma misma y es duradera. La felicidad es cosa de sentirse bien; la alegría puede venir acompañada de sufrimiento. La felicidad a menudo tiene que ver con el triunfo; la alegría muchas veces significa renuncia.

Va sin decir, pues, que el don mayor es la alegría; y, como dice Fra Giovanni, con frecuencia viene precedida de dones disfrazados de sufrimiento o dolor. Si no aceptamos estos últimos porque son "feos, pesados o duros", no conoceremos verdadera alegría.

Poco antes de morir a manos de sus verdugos nazis, Ewald von Kleist dio a entender en sus apuntes que muchos cristianos, aunque aceptan el sufrimiento, carecen de alegría porque tienen conceptos equivocados acerca de su naturaleza y significado; y concluye:

> Cada día se me hace más claro que nosotros, los seres humanos—sobre todo nosotros los europeos—hemos dado un falso valor a todo, porque nos hemos alejado de Dios. El mundo de hoy ya no tiene una legítima escala de valores. La humanidad va en pos de metas efímeras y ya no sabe lo que es la felicidad ni dónde encontrarla, ni sabe por qué debería dar gracias.

Miriam Potts, también de mi iglesia, dice que en su vida la alegría, el agradecimiento y la paz están intrincadamente enlazados:

> Si alguien me pregunta: "¿Tienes paz en tu corazón? ¿Estás en paz con Dios?", titubeo. Es una pregunta que casi no me atrevo a contestar. ¿Cómo voy a saber? A veces ni siquiera sé si tengo fe.
>
> Pero si alguien me pregunta: "¿Estás alegre? ¿feliz?", entonces, sin vacilar y de todo corazón, puedo decir que sí. Me encanta mi trabajo. Nunca me siento tan feliz como cuando hago algo para otros – empaquetar libros para prisioneros, por ejemplo. Cuando estoy tan ocupada que trabajo hasta el agotamiento y tengo que dejarme caer en la cama por la noche, es cuando más contenta estoy.
>
> Si no estoy contenta, lo único que debo hacer es dar gracias por lo que tengo, y me siento contenta otra vez. Pero, ¿cómo puedo estar contenta si no estoy en paz? Tal vez sean la misma cosa…

Para Ann (nombre ficticio) la búsqueda por felicidad y satisfacción parecía interminable. Continuaba año tras año. Un día resolvió dejar de preocuparse por sí misma y entregar su vida a Dios.

> Recuerdo la pregunta que me hizo una amiga, cuando mi esposo y yo primero hablamos de ir al Bruderhof: ¿Por qué querrá abandonarlo todo, para compartir su vida con gente desconocida, una mujer que tiene un marido afectuoso y cuatro hermosos hijos, excelente salud, seguridad económica y casa propia?
>
> Pero la verdad es que mi vida, tal como aparecía de afuera, tenía poco que ver con la realidad.

Ann y su esposo eran feligreses muy activos de su iglesia. Tenían buenos amigos. Pero, convencidos de que el cristianismo dominical no era suficiente, querían más: anhelaban una vida de mayor compromiso y responsabilidad.

Me preguntaba: "¿Es esto todo lo que hay?" Algo me gritaba por dentro: "¡No lo quiero 'todo'! ¡Debe haber algo más en la vida que un buen esposo y buenos hijos, un hermoso hogar y seguridad económica!" Estaba desesperada y asustada, y muy infeliz. ¿Por qué?

Me crié en una familia católica que nunca faltaba a misa los domingos, nunca comía carne los viernes y se confesaba una vez al mes. En nuestra parroquia, el ambiente era muy estricto: nadie quería caer en "pecado mortal" ni perecer en el "fuego eterno". Aprendí a tener miedo – miedo de cometer errores, de portarme mal, miedo de Dios y de lo que Él podría hacerme.

Los vecinos nos tenían en buen estima, pero nadie sabía en qué infierno estábamos pereciendo. Papá era buen hombre de familia, honrado y trabajador; Mamá nos amaba. Siempre estaré agradecida que no pasásemos hambre ni fuésemos huérfanos, por ejemplo. Pero no es menos cierto que hay familias completas, con padre y madre y con comida en abundancia, cuyos hijos sufren lo indecible. Una aparente normalidad tapa sus heridas y nadie sabe lo que pasa en realidad.

Nadie sabía, por ejemplo, que durante tres años fui abusada sexualmente por mi hermano mayor. Nadie sabía que mi padre, cuando perdía la paciencia con mi hermana adolescente, que era inestable, tomaba una correa y la azotaba frente a toda la familia. Nadie sabía que cualquier pequeñez como derramar leche en la mesa, bastaba para que Papá se pusiera furioso. Papá solía tomar mucha cerveza. Cuando se enojaba y perdía los estribos, poco podíamos hacer, Mamá incluida. Ella lo soportaba todo en silencio…Toda la familia vivía asustada, desconcertada y confundida.

Va sin decir que Ann vivía aterrorizada, con miedo, a cada paso, de provocar a su padre.

Para escapar de ese tormento, cantaba. Cantaba y cantaba; tanto, que molestaba a mis hermanos y hermanas. "Por lo menos no estoy peleando", les decía. En aquel entonces, por supuesto, ignoraba que mi cantar era desahogo para mi angustia. Me sentía malquerida. Tanto deseaba ser amada, que pensaba de este modo: si me porto bien, los demás estarán contentos; si hay paz en mi familia, yo estaré contenta. Según pasaban los años, me parecía que no sabía hacer nada bien, que para nada servía. En mi adolescencia me metí en todas las infamias corrientes. Y lo peor fue que todo quedó oculto: las miserias de mi infancia, los pecados de mi juventud. Por fuera era una joven "normal", "decente", hasta "religiosa". Por dentro, confusión y tinieblas reinaban. Mi vida era una gran mentira.

Cuando me casé, pensé que mis problemas se solucionarían, pero tan sólo continuaron. Igual que mi niñez y mi juventud, a distancia mi matrimonio se veía muy bien, pero en verdad era un desastre.

Ni aún de casada, y con hijos, había paz en el alma de Ann. Siempre había carecido de confianza en si misma, se había despreciado; ahora comenzó a proyectar esos sentimientos sobre todo el mundo. Llena de ira, odiaba al mundo entero; se sentía rechazada y despreciable. Moral y espiritualmente, quedó hecha una ruina.

De pequeña, en mi desesperación solía pedirle a Dios que me ayudara, aunque en realidad no esperaba ayuda de Él. No creía que Dios me amaba. Yo era "mala", y estaba convencida de que Dios no podía amar a una niña como yo. Cuanto más ansiaba que alguien me amara y se preocupara por mí, más me endurecía, y menos capaz era de aceptar el amor ofrecido.

Más que nada, necesitaba librarme del dolor de mi pasado…pero busqué mi emancipación en los lugares equivocados. A decir verdad, sólo quería una cosa, que perseguí desesperadamente: quería ser amada. Ansiaba el amor de mi marido, pero sentía que me fallaba; también esperaba hallar amor entre mis amistades y ellas también me fallaron. Busqué el amor de Dios. Recibí tratamiento con un grupo de cristianos y juntos rezamos para que sanara. "Jesús te ama y te perdona", me dijeron, pero no pude sentir el amor de Jesús. Por más que, hasta cierto punto, el tratamiento fuera provechoso, en mi corazón no había paz duradera. Aun así, no me di por vencida.

Pasaron varios años antes de que Ann y su esposo sintieran que Dios les llamaba a vivir en comunidad y decidieran ir al Bruderhof. Vendieron su casa, pagaron sus deudas y, después de vivir en el Bruderhof algo más de un año, solicitaron el ingreso definitivo como miembros. Como postulantes, Bob y Ann pasaron por un período de preparación durante el cual abrieron sus corazones a Dios y a los hermanos y hermanas, y tuvieron que admitir, por doloroso que les fuese, que su matrimonio era un fracaso. Reconocieron la urgencia de encararse uno al otro con honradez, y, juntos, a Dios. Para esto necesitaban tiempo, a fin de reflexionar — en lo más íntimo de sus corazones — sobre lo que verdaderamente querían en su vida. La comunidad les ayudó a mudarse a una casa en las cercanías y a encontrar empleo para Bob.

Fue entonces que encontré paz, porque hallé a Jesucristo. Pero primero tuve que humillarme y reconocer que, en mi egoísmo, me aferraba a una felicidad que tenía por sentada. Sentía odio por mi esposo ya que le reprochaba el que me hubiese desilusionado al no darme el amor que tan desesperadamente necesitaba yo. En realidad, como una sanguijuela, chupé su amor por años hasta que finalmente él se distanció de mí. Yo era el problema; la causa principal de mi desdicha era mi egoísmo.

De repente, en vez de sentir lástima por mí misma, me remordió el dolor que había causado a otros. Por primera vez en mi vida sentí el deseo de perdonar a los que me habían herido, especialmente a mi papá. Sentí remordimiento ante Dios. En cambio, recibí su amor y su perdón. Entonces comprendí lo que significa aquel pasaje del Evangelio según Marcos: "No necesitan médico los que están fuertes, sino los que están enfermos; no he venido a llamar a justos, sino a pecadores".

Tan pronto Bob y Ann hablaron francamente de todas estas cosas, empezaron a verse uno al otro con ojos nuevos. Se perdonaron, y pudieron seguir adelante. Al poco tiempo volvieron a nuestra comunidad para no dejarla más.

La nueva paz que sentía, ¿la tendré para siempre? Creo que no. No siempre he sido fiel al amor de Dios. La lucha continúa—contra sentimientos de ansiedad; contra viejos temores o preocupaciones; contra la tentación de complacer a la gente por ganar su aprobación. Pero mi grito de batalla es: ¡Jesucristo es victorioso en mi cuerpo, mente y alma!

Naturalmente soy pecadora, pero no pierdo tiempo pensando en esto. Queda mucho por hacer para el Reino, y cuanto más me dedico a esa tarea más contenta estoy. Se deriva gran satisfacción de servir a los demás, de hacer algo por otros, no importa lo que sea. Hay días cuando soy feliz nada más que cuidando a los pequeños en nuestra casa cuna; otros, limpiando el comedor comunal, lavando la ropa, o cada vez que tengo ocasión de cuidar a una de nuestras hermanas ancianas. Todavía me quedan cicatrices, de eso estoy segura, pero se me acepta tal como soy. Al entregarme en servicio a los demás, he recibido un don que no encontré cuando lo buscaba para mí misma: la alegría pura.

Acción

El tiempo, de por sí, es neutral; puede usarse
destructiva o constructivamente. Me parece,
cada día más, que la gente de mala voluntad
hace uso mucho más eficiente del tiempo que
la gente de buena voluntad. Nuestra generación tiene que arrepentirse, no sólo de las
palabras y acciones odiosas de gente mala, sino
del terrible silencio que guarda la buena. El
progreso humano nunca llega sobre las ruedas
de lo inevitable; viene gracias al inagotable
esfuerzo de hombres y mujeres dispuestos a
ser colaboradores de Dios. Sin esa ardua labor,
el tiempo mismo se convierte en aliado de las
fuerzas del estancamiento.

Martin Luther King, Jr.

Si a estas alturas algo debe haber cristalizado en la mente
del lector, es lo siguiente: la paz puede incluir calma y
reposo, pero nunca es sinónimo de inactividad. Las palabras de San Agustín: "Mi corazón no encuentra descanso
hasta que descansa en Ti", contiene una profunda verdad.
Pero, ¿qué quiere decir: "descansar en Dios"? ¿Es compla-
cencia?, ¿pasividad?

El don de la paz es la respuesta a un anhelo, a una
inquietud; pone fin al desgaste que causan la duda y el
pecado. Es entereza y cura. Pero, amén de todo esto, la
paz es un llamado a la acción y a una nueva vida. Se puede
encontrar la paz en la oración y meditación, pero no
debe detenerse ahí. Acarrea nuevas obligaciones y nueva

energía; trae consigo nueva creatividad. Como el grano en suelo fértil, germina silencioso, invisible, pero luego brota con vitalidad, se abre, florece y, al fin, da fruto.

Mi abuelo Eberhard Arnold escribió que el fin de los tiempos no es el fin de la actividad: "Los portones de la ciudad que está en lo alto del monte no se cierran – quedan abiertos." Del mismo modo, nosotros que hemos recibido el don de la paz, no debemos guardarlo para nuestro beneficio y cerrar los oídos al bullicio que nos rodea, desentendiéndonos del sufrimiento de quienes no la poseen.

> Está bien que tengamos paz y serenidad en esta vida; pero a menudo, quien las logra sucumbe a la tendencia de hacer caso omiso de la esencial voluntad de Jesús: que cuando el alma agobiada es renovada, tiene que ser fuente de fortaleza y energía para actuar. De lo contrario, uno se vuelve completamente inservible para la vida a la cual nos llama Jesús.

Thich Nhat Hanh, desde la perspectiva de un budismo práctico que pone igual énfasis en la meditación y en la compasión para con los demás, habla de la Guerra de Vietnam y del dilema que a él le planteaba: ¿A qué da fruto la paz: a la contemplación o a la acción?

> ¡Bombardeaban tantas aldeas! Junto con mis hermanos y hermanas, tuvimos que decidir qué hacer: ¿seguir observando las reglas de nuestros monasterios, o salir de las salas de meditación y ayudar a los que sufrían bajo los bombardeos? Después de considerarlo cuidadosamente, resolvimos hacer ambas cosas: salir a ayudar a la gente, y hacerlo con una mente consciente y dedicada...Una vez que se perciben las cosas, hay que hacerlas; de lo contrario, ¿de qué sirve verlas?

Si deseamos vivir en paz con el prójimo, se nos imponen ciertas exigencias morales. Ineludibles, debemos aceptarlas, como lo hicieron Thich Nhat Hanh y sus monjes.

No somos libres de optar por una vida personal en armonía con Dios, o con nosotros mismos, que excluya a los demás.

Mi madre llegó al Bruderhof cuando tenía veinte años de edad; a partir de ese momento trató de entender el significado concreto de "estar en paz". Estaba resuelta a dedicarse a Dios, pero al mismo tiempo le preocupaba un problema que parientes y amigos le habían planteado: ¿Cómo podía hacer algo por la paz en el mundo, si ya no estaba "en el mundo"?

Si bien no tenía respuesta a esa pregunta, estaba convencida de que, para poder dedicar su vida a la causa de la paz, tenía que desprenderse de los conflictos inherentes a la vida burguesa y seguir un rumbo diferente. Eso no significaba necesariamente llevar una vida de piadosa inactividad. De una carta a su mamá:

> Nuestra comunidad no busca la paz de una vida ermitaña, ni rechaza al mundo y su gente para dirigirse sin molestias hacia sus metas. ¡No! Al contrario, tenemos un vivo interés por los acontecimientos de actualidad, tanto nacionales como internacionales, para asumir juntos una actitud clara, y obrar en consecuencia…No nos avergonzamos de expresar nuestras convicciones abiertamente ni de ponerlas en práctica para que todos las vean—eso es lo que cuenta. No es cuestión de aislarnos dentro de los muros de un monasterio para vivir, en paz y tranquilidad, la vida que hemos escogido.

"Paz y tranquilidad" es algo diametralmente opuesto a lo que buscaba mi madre; lo mismo vale para todos los que han dado la espalda a la hueca vida burguesa y a la incesante competición. Quien se apresta a buscar paz en su vida, anhela una vida más profunda y más plena, no más vacía. Excombatientes y hombres de negocios, amas de casa y pastores, estudiantes fracasados y profesionales—todos me han dicho lo mismo: la paz no significa solamente decir que

no a la violencia, a la avaricia, a la lujuria, a la hipocresía;
significa decir que sí a lo que las reemplaza.

En un capítulo anterior, hablé de John Winter, ex
empleado de laboratorio que dejó su empleo cuando descubrió que su compañía fabricaba municiones. Dice John:

> Rechacé la violencia y comencé a buscar la paz, pero pronto
> me di cuenta de que paz es mucho más que la mera ausencia
> de guerra. Estaba harto de decir que no podía alistarme en el
> ejercito. ¿Pero qué podía hacer? Tenía que haber algo posi-
> tivo, una alternativa práctica a la guerra, no sólo su término;
> debía haber un camino diferente. Yo buscaba algo por lo cual
> vivir, no solamente algo contra lo cual luchar.

La joven maestra Gertrud Dalgas se unió a mis abuelos a
los pocos meses de haberse fundado la comunidad, y en
1921 se expresó de esta manera:

> Nuestra visión es la de un reino de paz y no de violencia,
> un reino de libertad arraigado en Dios. Nuestra censura y
> nuestro rechazo de las condiciones imperantes nos exigen
> ofrecer ejemplos positivos de nuestra oposición. Es preci-
> samente por reprobar el capitalismo, el odio de clases, la
> falsedad en las relaciones humanas, la violencia y la guerra,
> que tenemos la obligación de arriesgar una vida nueva y
> diferente en todo sentido. Somos un insignificante puñado
> de hombres y mujeres de diferentes clases sociales, oficios
> y profesiones que no se limita a tomar para sí una actitud
> negativa, a rechazar los valores de la sociedad en general o
> a rehusarse a combatir; sino que se empeña en construir una
> comunidad que se destaca contra las exigencias del Estado,
> de la iglesia institucional, de la propiedad privada y del privi-
> legio económico y social.

Ni Gertrud, ni John u otros que ya he citado, dirían que la
solución a todos los problemas del mundo consiste en vivir
en comunidad. Pero sin duda estarían de acuerdo con que la

paz significa acción y compromiso, y como tal exige lucha. Dick Thomson, graduado de la universidad de Cornell y amigo mío desde hace cuarenta años, dice lo siguiente:

A la edad de veinte años, ya sabía que en el mundo de hoy no iba a encontrar paz. Me crié durante la Segunda Guerra Mundial, cuando los periódicos estaban llenos de noticias y propaganda de guerra, que el bombardeo atómico del Japón llevó a culminación. Recuerdo el conflicto que hubo entre John L. Lewis y su sindicato de mineros con las grandes empresas industriales, dueñas de las minas de carbón. Mi madre votaba por los Demócratas y mi padre por los Republicanos, pero ninguno de los dos mencionaba a Dios, y yo no veía nada atractivo o alentador en lo que se llamaba religión.

Mi dios era la ciencia y la mente humana, y me decían que la mía era excepcional. Yo sabía poco o nada de la discordia que reina en el mundo, incluso en mi fuero interno, ya que nunca había sufrido los estragos de la guerra, la pobreza, la opresión, alguna enfermedad grave, o un desafío que no pudiera superar. Sin embargo, con el paso de los años me acosaron sentimientos de culpa ahijados por pecados que no podía dominar, y por una discordia interna que, cuanto más traté de resolver, más intensa se tornó.

Jesús dice: "Mi paz os doy, no os la doy como la da el mundo", y también: "No penséis que he venido a traer paz a la tierra. No he venido a traer paz, sino espada".

En el Bruderhof, llegué a conocer a mujeres y hombres comunes, ordinarios, que, juntos, descubrieron paz y alegría, convencidos de haber entablado el combate central de la vida. Sabían para qué (o para Quién) luchaban, y estaban dispuestos a soportar cualquier sufrimiento y cualquier penuria por su Señor.

Ahí había una paz que no viene del aislamiento, de la pasividad, de guardar silencio; al contrario, esa paz es el perdón que nos permite recomenzar; es valentía, acción, oposición franca y sincera al mal en todas sus formas, a la vez que amor por cada ser humano.

Pregunté cuál era la fuente de esa paz y de esa alegría – que nunca antes había experimentado en mi vida – y me dijeron: "Jesucristo." Si no lo hubiera visto, no lo habría creído, pero es la realidad. Entonces supe que allí, en el Bruderhof, había algo a lo cual yo podía y debía entregar mi vida.

No se trata de algo exclusivo del Bruderhof; Dios no limita su Reino a quienes se llaman cristianos. En los escritos de los primeros cuáqueros como George Fox, Isaac Pennington y otros de aquella época – cuya fe renació de las cenizas de una religiosidad externa – se encuentra la idea de descubrir la paz "en medio de la lucha". Esa idea también está en las mentes de los prisioneros políticos y de los prisioneros por conciencia que llegué a conocer. Esos hombres y mujeres hablan un lenguaje diferente; su vida es más radical que la del Bruderhof (y la prensa los acusa injustamente de ser extremistas por su impopular postura en cuanto a justicia social y problemas raciales), pero en espíritu están muy cerca de lo que he tratado de delinear. Cada vez que me encuentro con ellos, percibo que, a pesar de las enormes dificultades que tienen que superar, hay alegría y paz en sus corazones. Son apasionados, pero no son violentos ni irracionales; saben por qué luchan: por revelar la verdad según la ven y mantenerse firmes en ella.

Esa misma paz fue lo que me impresionó cuando vine al Bruderhof por primera vez, un joven lleno de inquietudes. Si Dios nos otorga su paz o su amor o su alegría, siguen siendo suyos; no debemos acapararlos como si fueran nuestros. Mientras le plazca a Él darnos paz, queda a nuestra disposición. Si, por aflojar en la lucha, llegáramos a perderla, Dios la guarda en sus manos y podemos volver a Él para recobrarla.

La autora Amy Carmichael describe la paz mediante la alegoría. Usando la imagen de un campo de batalla, dice que el soldado que descansa en su litera durante la batalla, no está en paz; pero el que da su vida en la lucha, la encuentra. Los que combaten al lado de su capitán tienen más probabilidad de salir heridos, pero también gozarán de mayor paz en sus almas.

Se habla mucho de paz: todo el mundo la desea, nadie se opone a ella. Pero, ¿quién está dispuesto a trabajar y luchar para que se convierta en realidad? Cada uno tendrá una función específica y diferente. Para éste, será el activismo social; para aquél, la vida en comunidad; para otro más, algo totalmente diferente—una voz conciliatoria en el puesto de trabajo, o el primero en perdonar y tratar de ser más afectuoso en el seno de la familia.

Una acción importante puede ser más noble que otra que, por ordinaria, pasa desapercibida, pero aquélla puede distraernos de cosas que debemos hacer alrededor nuestro. Inclusive podemos endurecer nuestros corazones para con quienes más nos necesitan. Nos advierte Jean Vanier: "A veces es más fácil oír los llantos de los pobres u oprimidos que están lejos, que los de hermanos y hermanas en la propia comunidad. No hay nada espléndido en hacer caso a quien está con nosotros día tras día y nos pone los nervios de punta".

Estemos donde estemos, hagamos lo que hagamos—si nuestra paz ha de dar fruto, requerirá sacrificios y habrá obligaciones que cumplir. La paz de Dios no es como la falsa paz que todo lo promete pero nada exige; como viento tonificante, la paz de Dios sacude todo lo que está en su camino.

Si no vamos más allá de edificarnos gracias a nuestro encuentro personal con Jesucristo, se nos escapará la grandeza de su misión. Por eso nos dice Él que busquemos primero el Reino de Dios y su justicia para ser dignos no sólo de sus bendiciones personales sino de ser combatientes por su Reino.

¡Vivamos más intensamente en la expectativa del Señor! Si no aguardamos por Él en todos los aspectos de nuestras vidas, para nada sirve nuestra espera. Todos los días me pregunto: ¿He esperado lo suficiente? ¿He luchado lo suficiente? ¿He amado lo suficiente? Si esperamos la llegada del Reino, nuestra expectativa nos inspirará a actuar.

J. Heinrich Arnold

Justicia

El tema es el amor fraternal: hemos recibido
el mandamiento de amar a nuestros hermanos.
Cuando la religión se desentiende del sufrimiento de los pobres y de los millones de obreros
que viven en la más abyecta miseria, y al mismo
tiempo los consuela con la promesa de una vida
en el más allá, donde "se enjugarán todas las
lágrimas" – esa religión es sospechosa. ¿Quién
les creería a esos "consoladores importunos" de
Job? Por el contrario, cuando quien profesa la
religión comparte la vida de los pobres, trabaja
para mejorar la suerte de los desamparados, y
arriesga la vida como los revolucionarios de
hoy y los organizadores de sindicatos obreros
de antaño – entonces parecerá verosímil la
promesa de una gloria venidera. A la cruz sigue
la resurrección.

Dorothy Day

En las últimas décadas, he oído muchos gritos de combate
en manifestaciones y mítines; una de las más simples y más
poderosas es: "Sin justicia no hay paz". Si es importante
hablar o escribir sobre la paz, más importante aún es orar y
trabajar por ella. Al fin y al cabo, la paz es una realidad tan
sólo en la medida en que da lugar a la justicia.

En la epístola de Santiago leemos: "¿De qué sirve,
hermanos míos, que alguien diga: 'Tengo fe', si no tiene
obras? ¿Acaso podrá salvarle la fe? Si un hermano o una
hermana están desnudos y carecen del sustento diario,

y alguno de vosotros les dice: 'Idos en paz, calentaos y hartaos', pero no les dais lo necesario para el cuerpo, ¿de qué sirve? Así también la fe, si no tiene obras, está realmente muerta". Y Christoph Friedrich Blumhardt escribe: "En fin de cuentas, toda nuestra vida espiritual nada significa si no tiene consecuencias tangibles y visibles en el mundo".

Los conflictos y desacuerdos entre los seres humanos resultan en injusticias: desigualdad social, opresión, esclavitud y guerra; la paz debe manifestarse en obras de justicia porque la justicia reina donde esos males se han reparado. Dado el estado actual de nuestro planeta, no debe sorprendernos que mucha gente descuente la paz y la justicia como sendas tonterías utópicas. "Nadie puede estar en paz", dicen, "mientras en todas partes reine confusión y angustia. Es absurdo hablar de supervivencia humana mientras haya arsenales repletos de armas de exterminio. No puede haber justicia, mientras que los caprichos de un puñado de hombres acaudalados y poderosos destruyan las vidas de millones". En 1914 en un artículo sobre la correlación entre la propiedad privada y la guerra, escribió mi abuelo: "No hay justicia – reina la estupidez". Hoy, ¿qué diría?

Hay quienes tratarán de demostrar que el espíritu de paz está sano y salvo, si bien a veces invisible bajo un manto de hipocresía. No estoy convencido. Si la "paz y justicia" que predicamos no está cimentada en obras, es frase hueca; no dejamos de ser piadosos impostores, como aquellos de quienes se queja el profeta Jeremías: "Curan la herida de mi pueblo a la ligera, diciendo: 'Paz, paz', cuando no hay paz".

Por otro lado, aunque fracasemos una y otra vez, aunque perdamos la visión del Reino de Dios y de la vida en su Espíritu, Dios siempre es el Dios de paz. Su Reino es un reino de justicia, verdad y amor; si nuestra fe es una farsa, los culpables somos nosotros. "¡Qué pena que tan pronto hubo desaparecido Jesús vinieron los cristianos!" *(Annie Dillard)*

La paz del Reino exige un nuevo orden social y la transformación de las relaciones humanas. Por eso nos exhorta Jesús a solidarizarnos con los pobres y oprimidos, los presos y los enfermos; por eso dice: "Dichosos los que trabajan por la paz." Por eso también nos manda a proclamar en el mundo entero la buena nueva de su paz. Donde su paz sea rechazada, nos dice, sacudámonos el polvo de los pies y sigamos adelante. Dejémonos guiar adonde se ansía paz.

Algunos años atrás, en 1997, viajé a México para encontrarme con el obispo Don Samuel Ruiz García. Había sido nominado para el premio Nobel de la Paz por su trabajo con los indígenas de Chiapas, sobre todo los campesinos empobrecidos que viven en las montañas de la región. Don Samuel dedicó su vida a lo que él llama, sencillamente, la doble tarea de paz y justicia.* No es de sorprender que, en los últimos años, su franqueza y apoyo abierto por la paz para los pueblos indígenas le granjeara odio y hostigamiento, especialmente por parte del represivo gobierno local; ha sufrido por lo menos dos atentados contra su vida. En el curso de nuestro diálogo, dijo lo siguiente:

La paz para la humanidad no es la mera ausencia de guerra y violencia. Decían los romanos: "Si quieres paz, prepárate a

---

* Pocos antes de la primera impresión de este libro, recibimos la noticia de que el obispo Samuel Ruiz García fue distinguido por unanimidad con el Premio Internacional Simón Bolívar 2000, galardón que otorga la UNESCO cada dos años a personas que hayan desarrollado una actividad meritoria en pro de la libertad y dignidad de los pueblos. Don Samuel Ruiz comparte esta distinción con el antiguo presidente uruguayo Julio María Sanguinetti. El galardón se entregó a los recipientes en ceremonia pública el 23 de octubre de 2000.

pelear". En el Imperio Romano, el tiempo de paz era tiempo de prepararse para la guerra. Para nosotros, los cristianos, tampoco es una situación exclusivamente circunstancial, sino que la paz significa una relación esencialmente nueva de la humanidad con Dios. Y por eso Cristo dijo que traía paz, no una paz como la da el mundo, sino una paz diferente.

Dentro de la sociedad actual, esa paz debe concebirse basada en la justicia: el Reino de Dios, que es el reino de paz, es un reino de justicia, de verdad y de amor. Por eso para nosotros la paz tiene profundas bases sociales y profundas bases espirituales; y por eso la paz requiere un nuevo orden social. Requiere una nueva relación fraternal dentro de la humanidad. Y requiere un cambio de la estructura socioeconómica. Y por último, entendemos que la paz es un regalo de Dios en el sentido que dijo Cristo: "Yo os la doy. Mi paz os doy". Pero también es una tarea, un trabajo, que tenemos que desarrollar.

La paz viene también del pobre, porque el pobre tiene que ver con la justicia. Ser pobre significa serlo como resultado de un conflicto social. Y no solamente se es pobre dentro de una situación social, sino que hay un sistema que empobrece, que despoja. En este sentido la presencia del pobre entre nosotros, vista en su relación con el Reino, es una presencia sacramental de Cristo. Cristo está presente entre nosotros por intermedio del sacramento del pobre, porque Él mismo dijo que la única y última pregunta que se nos hará, es la pregunta del amor a Cristo. "Tuve hambre, y me dieron de comer. Tuve sed, y me dieron de beber". ¿Cuándo? "Cuando lo hicieron por estos hermanos míos, lo hicieron por mí". Esto es lo que significa: el pobre es sacramento de la presencia de Cristo. La pregunta final que nos van a hacer no es una pregunta de ortodoxia, sino de ortopraxis. No me van a preguntar si cometí errores; me van a preguntar si amé o no a mi hermano.

En este sentido el pobre está en el centro del camino hacia la paz. El pobre define la historia de la sociedad humana. Si en una sociedad el pobre es el punto de referencia para el bien común, estamos en presencia de una sociedad que cumple con su tarea. Si por el contrario el pobre en esta sociedad vive aplastado y tirado por el piso, estamos frente a una sociedad contraria al Reino.

No siempre les hacemos caso a hombres como Don Samuel. Por prejuicio o por miedo nos tapamos los oídos, rechazamos su mensaje, y hasta los matamos – para silenciarlos.

Es cierto que no todos los que defienden la causa de paz y justicia son "trabajadores por la paz" en el sentido del Sermón del Monte. Algunos decididamente no son pacíficos, otros hasta abogan por la revolución armada. Sin embargo, aunque diferimos en cuanto a fines y medios, debemos reconocer que son voceros de los oprimidos y que mientras no haya justicia para estos últimos, no habrá paz en la tierra. Libran su batalla en trinchera diferente de la nuestra, pero luchan por las mismas libertades y derechos que damos por descontados nosotros, los europeos y americanos blancos – y ellos frecuentemente pagan con sus vidas. No tenemos derecho a condenar su lucha mientras pasemos por alto ese hecho.

En los comienzos de la iglesia, los cristianos daban de comer a los hambrientos, vestían a los desnudos y ofrecían albergue a los abandonados – al precio de sacrificios personales. No se les habría ocurrido hablar de paz sin hablar de justicia. Y sus contemporáneos comentaban: "¡Miren cómo se aman!" Las cosas han cambiado. Peter Maurin, cofundador del Trabajador Católico, escribe:

> Hoy en día, ya nadie hace sacrificios para alimentar, vestir y dar albergue a los pobres; para eso, dependemos de los impuestos. Y los paganos dicen de los cristianos: "¡Miren cómo esquivan el bulto y se lo pasan a otros!"

Christoph Blumhardt no se cansó de protestar por esa misma falta de compasión de los devotos de su generación. Veía la raíz del problema en el egoísmo de quienes se preocupan por su propia salvación, y, por consiguiente, descuidan totalmente al prójimo.

Hay cristianos que se recrean ya en la certeza de que se les transfigurará y transportará en aquel Día. Pero tan simple no será. Más bien debemos hacernos cargo de nuestra tarea, y saber que seremos los primeros en ser juzgados, no los primeros en recibir asiento cómodo en el cielo. Sólo los primeros de verdad — los primeros en aparecer ante el Señor para que Él los juzgue — son herramientas que Él podrá utilizar para establecer su paz y justicia.

Francamente, muchos buenos cristianos se sorprenderán — me parece — al ver quiénes son los "electos" que los ángeles juntan desde los cuatro costados del mundo. Cuanto más viejo me pongo, más se me cae la venda de los ojos ante la enorme injusticia de que es culpable nuestra sociedad, y más me persuado de que, si Cristo vino para los que "tienen hambre y sed de justicia", entonces entre sus electos estarán los vagos, los presos, los marginados, los olvidados — los miserables de la tierra.

Es fácil olvidar que los valores que nos trajo Jesús contradicen directamente a los nuestros. Su justicia trastrueca de arriba abajo a la justicia humana — es una revolución. Él dijo que los primeros serán últimos, y que los últimos serán los primeros; que el que pierde su vida la salvará, y quien trata de salvarla la perderá.

¿Qué significa "perder la vida"? Para Jesús significaba abandonar todo privilegio, toda protección, y andar por el camino más humilde.

Antes de morir, dijo Jesús a sus discípulos que sería entregado, indefenso, a las autoridades: a las del Templo y a las del Estado. Y cuando los discípulos preguntaron: "Señor, ¿quieres que hagamos caer fuego del cielo para que los destruya? Podríamos invocar a los poderes celestiales que están a nuestra disposición, para que manden llamas del cielo y relámpagos de las nubes. Jesús los reprendió: Ustedes no saben a qué espíritu pertenecen". (Lucas 9:54–55) ¡Se habían olvidado del Espíritu! Se habían olvidado de su llamado supremo. Quien opta por la fuerza en lugar del amor, en ese mismo momento abandona al Espíritu, por más que invoque el fuego de los cielos e implore milagros divinos.

Eberhard Arnold

Ningún discípulo de Cristo puede optar por la violencia o la fuerza como medio para obtener justicia. Pero tampoco tenemos derecho de acorralar a otros para convencerlos que deben adoptar nuestro modo de pensar. Al campesino que lucha por su mera subsistencia, al intelectual anarquista, al agente de policía o al soldado del ejército, no podemos sencillamente decirles: "¡Depongan las armas y caminen por la senda del amor y la paz!"

No todos reciben el don de la fe; y no siempre reconocemos su presencia allí donde ha sido dada. Las respuestas a los esenciales interrogantes de la vida no vienen bien empaquetadas, y muchas veces no se entregan y hay que salir a buscarlas a tropezones y con apuros.

En su libro *On Pilgrimage* (En peregrinaje), Dorothy Day reflexiona sobre el espinoso problema que tiene el cristiano: cómo armonizar las exigencias de justicia con las de la paz. Ella no ofrece soluciones simplistas. Revela, en cambio, un excelente principio para toda búsqueda – la humildad.

Es innegable que Dios nos ha dado un don terrible: la libertad. Ahora nos queda la labor de abrirnos paso a través del fangal de pecado, odio, crueldad y desprecio que nos rodea –una ciénaga que nosotros mismos hemos creado…

Simpatizo con la justa indignación de quien se alza en armas cuando ve a los olvidados en asilos psiquiátricos, a los que duermen en los zaguanes y hurgan en los basureros para encontrar comida entre los desperdicios, a los que viven en las villas míseras, en "casas" de cartón, casi a la intemperie…

No somos socialistas marxistas. No creemos en la revolución violenta. Pero nos parece mejor rebelarse y pelear, como lo hizo Fidel Castro con su puñado de hombres, que no hacer nada…Mientras nosotros, seguidores de Cristo, no renunciemos a la guerra como medio aceptable para obtener justicia y verdad, nada lograremos con criticar a quienes recurren a la guerra para reformar el orden social.

En pleno auge del *Civil Rights Movement* (movimiento por los derechos civiles), Martin Luther King trató ese tema desde una perspectiva similar: hizo referencia a quienes se limitan a desempeñar un papel de espectadores y hablan de justicia, no sin denigrar mano a mano los esfuerzos de quienes sí tratan de remediar las cosas: "Mucho me han decepcionado los blancos moderados…más se dedican al 'orden público' que a la justicia; prefieren una paz negativa –la ausencia de tensión– a una paz positiva, en la cual está presente la justicia".

Había quienes sentían que King era demasiado cauteloso e ineficaz, y despreciaban su fe en el poder de la no-violencia gandhiana, sobre todo entre los jóvenes afroamericanos del norte estadounidense. King rechazó sus métodos –menos pacíficos que los suyos propios– para crear un cambio, pero no condenó sus tácticas por completo: "Si a los oprimidos se les niega el derecho de llevar a cabo una revolución pacífica, ¿cómo se les puede condenar cuando recurren a la revolución violenta?"

Leemos en el Salmo 85: "Amor y Verdad se han dado cita, Justicia y Paz se abrazan; la Verdad brotará de la tierra, y de los cielos se asomará la Justicia". Si tenemos fe en esta promesa, si creemos que estas palabras pueden convertirse en realidad —no sólo en un glorioso más allá, sino en esta tierra— entonces debemos estar listos a arriesgarlo todo. Debemos rechazar la injusticia en todos sus aspectos, ya sea explotación económica, desigualdad social, división racial u opresión política. Pero asimismo debemos rechazar toda violencia, desde el servicio militar y la revolución armada hasta la brutalidad policíaca y el maltrato de niños y mujeres.

A mi entender, la justicia del Reino de Dios no tiene que ver nada con el equilibrio de los intereses o derechos humanos. Es mucho más radical que los conceptos humanistas de libertad, igualdad y fraternidad; más básica que la oportunidad para todos de participar y competir. La justicia del Reino nace del amor. Significa estar dispuesto a entregar la vida el uno por el otro, por el hermano; de lo contrario, toda nuestra palabrería acerca de la paz carece de sentido.

Va sin decir que nuestra vida no es, y nunca puede ser, libre de pecados. Pero se habla mucho de lo inevitable que es el mal y de cuán universalmente estamos encadenados con la culpa. Esa manera de pensar a menudo resulta en indiferencia frente al statu quo. ¿Tan impertinentes somos que desmentimos la paz mundial proclamada por los profetas, la eliminación del gobierno predicha en el Apocalipsis de Juan, así como la superación del orden social existente por un orden de hermandad y de comunidad? ¿Tan impertinentes somos que eludiremos la gran disyuntiva que nos plantea Jesús: Dios o el Dinero? Somos muchos los que han dado la espalda a la claridad de Jesús. Por ser débiles, hemos aceptado la paradójica situación del hombre en su relación con Dios; decimos sí y no al mismo tiempo. ¿Dónde está nuestro espíritu de combate?

Hay quienes dirán: "¡Seguramente no pretendes librar una batalla general contra todo el mal!" Pero es precisamente para esto que Jesús vino; para esto nos llama y nos envía – para que libremos esa batalla. Él vino a destruir las obras del diablo. Él es la luz perfecta. En Él no hay oscuridad.

Eberhard Arnold

Esperanza

Donde está Dios, allí está su paz, allí hay
reposo. Su presencia libera al alma de su
angustia, su fragmentación, su antagonismo;
trae consonancia entre corazón, mente y alma.
Pero Dios es un Dios viviente, vale decir que Él
es actividad al mismo tiempo que paz, reposo
y sosiego. Y mediante su armonía, su concor-
dancia, su serenidad, crea la gran unidad del
amor – la unidad de intención y acto – la comunidad, hermandad y justicia para todos.

Eberhard Arnold

La paz es energía vigorizante: sana lo roto, restaura lo
gastado y desata lo enredado y encadenado; trae esperanza
donde hay desesperación, armonía donde hay discordia,
amor donde hay odio, integridad donde hay fragmentación, firmeza donde hay acomodo y engaño; penetra en
todas las esferas de la existencia humana – en lo material
tanto como en lo espiritual. Si no trae esa transformación,
no es paz verdadera sino pura fantasía.

La paz proviene de Dios, y su alcance abarca la tierra. Su
poder transforma a individuos y estructuras. Su objetivo
es cósmico, pero comienza desde adentro, imperceptible,
en silencio. Donde reina la paz, hay unidad del yo con su
verdadero ser, del hombre con la mujer, de Dios con el ser
humano. Hay unidad entre viña y rama; se purifican los
templos y sanan los cuerpos.

Nada de esto sucede por sí solo. A lo largo de este libro
hemos visto que el camino hacia la paz no tiene nada que ver
con pasividad o resignación. La paz no es para el cobarde o

el ensimismado; no es para quien se contenta con una vida tranquila. La paz significa vivir honradamente ante Dios, ante nuestra propia conciencia y ante los demás; trae obligaciones y deberes, pues exige obras de amor.

Significa bregar por la unidad que Jesucristo imploró del Padre, en su última oración: "Que todos sean uno; como tú, Padre, en mí, y yo en ti, que ellos también sean uno en nosotros, para que el mundo crea que tú me has enviado".

Aun cuando estemos en paz con Dios e intuyamos algo de esa unidad con Él, la enorme distancia entre la mezquindad de nuestra condición humana y la grandeza del Creador no puede menos que anonadarnos. Pero no nos demos por vencidos. Kierkegaard nos exhorta: "Olvidemos nuestros temores, y dejemos de evadir las obligaciones que nos impone el conocimiento de la verdad...Entremos en la plenitud de una vida en la que todas nuestras acciones obedecen a lo que es eterno". Si esto suena grandilocuente, en realidad es muy simple. Cuando tenemos la vista fija en lo eterno, estaremos llenos de amor — al prójimo, al cónyuge, al enemigo tanto como al amigo — y trataremos de vivir en armonía con toda la creación. "Pues si no amas a tu hermano, a quien ves, ¿cómo puedes amar a Dios, a quien no ves?" Si no estamos en paz, probablemente se debe a que nos olvidamos de amarnos unos a otros. Para eso no hay excusa. Nadie es tan carente de dones que no sea capaz de amar. Santa Teresa del Niño Jesús escribe:

> El amor me dio la clave de mi vocación. Comprendí que, si la iglesia es un cuerpo compuesto por diferentes miembros, no podía existir sin el más importante y más imprescindible de todos. Comprendí que el amor incluye todas las vocaciones, el amor es todas las cosas y, siendo eterno, abarca todo tiempo y todo lugar.

Extática de alegría, exclamé: "¡Por fin he encontrado mi vocación! ¡Mi vocación es el amor! He encontrado mi lugar: *yo seré amor.* ¡Así seré yo todo, y mis sueños serán realizados!" ¿Para qué hablo de extática alegría? Es un error: debería hablar de paz, de la calma que siente el marinero cuando ve el faro que le guía al puerto. ¡Cómo brilla este faro del amor! Y yo sé cómo alcanzarlo y apoderarme de su fuego.

¡Ojalá tuviésemos siquiera una pequeña parte del entusiasmo de Santa Teresita! Lamentablemente, como observa Christoph Blumhardt, nuestras vidas sufren por la carencia de paz y unidad:

> Nos hemos enredado en una venenosa telaraña de habladurías y mentiras, de odio y envidia…Nos peleamos y nos envidiamos unos a otros, hasta en nombre de Jesucristo. Parece una lucha interminable, en la cual el uno se siente ofendido por el otro, y ninguno sabe cómo hacer las paces. ¡Estamos lejos de ser un pueblo que lleva el evangelio en el corazón y sigue al Salvador en los hechos!

"Pero", continúa, "¿por qué no podemos abrir nuestros corazones de par en par, extraernos de aquel enredo y vivir como hermanos y hermanas?"

Un sobreviviente del Holocausto, el rabino Hugo Gryn, aprendió el valor de la esperanza cuando, de niño, fue encerrado en Auschwitz en la misma barraca que su padre:

> Bajo condiciones indescriptibles, muchos judíos, entre ellos mi padre, observaban las prácticas religiosas en la medida de lo posible. Un anochecer de invierno, un preso le recordó a mi padre que pronto sería la primera noche de Hanukkah (el festival de las luces, que celebra la dedicación del nuevo Templo en Jerusalén). En los siguientes días, mi padre hizo un pequeño candelabro (menorah) con pedazos de chatarra. Para la mecha, sacó hilos de su uniforme de preso; en lugar

de aceite, logró convencer a un guardia que le diera un poco de mantequilla.

Esas observancias eran *streng verboten* (estrictamente prohibidas), pero estábamos acostumbrados a tomar riesgos. Lo que yo protestaba era el "desperdicio" de valiosas calorías. ¿No sería mejor compartir la mantequilla en un pedazo de pan en vez de quemarla?

"Hugo", contestó mi padre, "tú y yo sabemos que se puede vivir mucho tiempo sin comer. Pero te digo esto: nadie puede vivir un solo día sin esperanza. Este aceite encenderá una llama de esperanza. Nunca dejes que muera la esperanza, ni aquí, ni en ninguna otra parte. Recuerda lo que te dije".

La escritora Kathleen Norris dice lo mismo: que, en fin de cuentas, la esperanza es lo que nos permite vivir de día en día.

La visión apocalíptica nos ofrece la esperanza en que, al final, el bien prevalecerá a pesar de toda evidencia al contrario. En el Apocalipsis de Juan encontramos la justicia restaurada, y vemos a Dios acercarse a quienes más han sufrido en un mundo cruel, injusto, violento; un Dios que no ruge, y que no se pavonea como máximo dictador, sino que tiernamente "enjugará todas las lágrimas de sus ojos".

Si tenemos fe, nada ha de impedirnos vivir y actuar en base a esa esperanza. El último día del 1997, en Chiapas, México, centenares de indios tzotziles fueron en procesión conmemorativa hacia la aldea de Acteal, donde sólo nueve días antes cuarenta y cinco de sus compatriotas, en su mayoría mujeres y niños, habían sido brutalmente asesinados por una milicia allegada al gobierno. En aquella región apartada, donde la represión gubernamental ha resultado en una "desaparición" tras otra, los participantes sabían que marchar acarreaba peligro.

Indefensos, sin armas, los manifestantes eran doblemente vulnerables por la postura que habían adoptado: al mismo tiempo que apoyaban los objetivos de los combatientes zapatistas de la localidad, se oponían al uso de la violencia; en consecuencia, ambos lados los acusaban de partidismo y deslealtad. Pero la procesión no era meramente cosa de arriesgarse – era también desafío en espíritu de determinación y esperanza.

A la cabeza de la multitud se veía un letrero puesto encima de una cruz de madera: "Ya es tiempo de cosechar, ya es tiempo de construir". Los hombres cargaban ladrillos para construir un santuario para los muertos – "para simbolizar el peso de nuestro dolor", dijo uno de ellos; algunos querían retornar a Acteal, aun sabiendo que tal vez tendrían que huir de nuevo. Llevaban una agrietada estatua de la Virgen María, y se mantuvieron fieles a la no-violencia.

¿Quiénes eran esos valientes hombres y mujeres, capaces de encarar la muerte con tanta serenidad? ¿Signo de una fuerza extraña, parecida a la de los mártires? ¿Indicio de locura? Tal vez representaban lo que sintió Elizabeth McAlister, la esposa de Phil Berrigan, cuando escribió a su esposo en ocasión de uno de sus numerosos encarcelamientos:

La visión de Dios – mejor, la promesa de Dios – para una sociedad compasiva y justa es una promesa en la que podemos apostar la vida. Nadie puede quedar satisfecho hasta que esta promesa se haya convertido en realidad para todos los pueblos de la tierra. Así te juegas la vida por la visión de Dios que tuvo Isaías, por los futuros días, cuando "forjarán sus espadas en rejas de arado, y sus lanzas en podaderas". Así seguimos aguantando, y nuestro Dios nos sostiene en nuestra perseverancia. Por encarnar la visión de Dios ya en el día de hoy, tú eres parte de su realización—ni más ni menos.

Fedor Dostoievski, en *Los hermanos Karamaƶov,* da testimonio de la misma fe y esperanza. Sigue un diálogo entre el Padre Zósima, todavía joven, y un misterioso desconocido*:

—El cielo está escondido en el alma de cada uno de nosotros: en este momento se oculta en la mía, y, si quiero, podré realizar ese sueño para toda la vida. (Hablaba conmovido, mirándome con cierto aire misterioso y como si me interrogase). En cuanto a la culpabilidad de cada uno de nosotros en las culpas ajenas, aparte los pecados propios, sus consideraciones no pueden ser más justas y lógicas, y es asombroso que haya podido comprender con tanta amplitud idea tan magna y elevada. Cuando los hombres la comprendan, no será un sueño el advenimiento del Reino de los Cielos, sino una realidad.

—Sí, ¿pero cuándo llegará ese instante?—exclamé, con dolor—. ¡Tal vez no sea más que un sueño!

—¿Acaso, no cree usted en sus propias palabras? Lo que usted llama ilusión, se realizará, sin duda alguna, pero no ahora, porque todo está sometido a leyes. Se trata de un fenómeno moral, psicológico, y es preciso que los mismos hombres cambien de camino para renovar el mundo. No puede existir la fraternidad mientras el corazón de cada uno de nosotros no se sienta hermano del corazón del prójimo. No sabrán los hombres, en nombre de la ciencia y del interés, repartir apaciblemente entre ellos la propiedad y los derechos: nadie se creerá suficientemente favorecido, y se envidiarán y se exterminarán los seres.

¿Pregunta usted cuándo se realizará esto? Llegará el in-stante, cuando haya terminado la era del aislamiento humano, que reina en todas partes, y cuyo término no ha

---

* Fedor Dostoievski, *Los hermanos Karamaƶov* (1998, Editorial Porrúa, México), página 197.

llegado aún. Actualmente cada uno aspira a aislar su persona-lidad de la de los demás: quiere saborear por sí solo la plenitud de la vida, sin comprender que todos esos esfuerzos, lejos de acercarlo a su objeto, tienden al suicidio social e impiden, por lo tanto, que en ese aislamiento pueda nadie afirmar plenamente su personalidad...Este terrible individualismo terminará, sin duda, y acabarán los hombres comprendiendo cuán contraria era la naturaleza a esta doctrina. Y las gentes, en los tiempos venideros, extrañarán que el mundo haya permanecido tanto tiempo en las tinieblas.

Entonces es cuando aparecerá en el cielo el signo del Hijo del Hombre...; pero hasta que ese día llegue, y aunque luchá-semos solos, ha de mantenerse alto el estandarte, predicar con el ejemplo, y, aun a riesgo a que se nos llame locos, salir de nuestra soledad y acercarnos a nuestros hermanos. Sólo así impediremos que perezca un grandioso ideal...

El autor

Muchas personas han encontrado valiosos consejos de parte de Johann Christoph Arnold, galardonado autor con más de un millón de ejemplares de libros impresos en más de 20 idiomas.

Destacado conferencista y escritor sobre el matrimonio, la crianza de los hijos, la educación y la senectud, Arnold fue pastor principal del Bruderhof, movimiento de comunidades cristianas, hasta su muerte en abril de 2017.

El mensaje de Arnold tomó forma a partir de encuentros con grandes pacificadores como Martin Luther King Jr., la Madre Teresa, Dorothy Day, César Chávez y Juan Pablo II. Junto con Steven McDonald, un oficial de policía paralítico, Arnold comenzó el programa Breaking the Cycle (Rompiendo el ciclo), que trabaja con estudiantes en cientos de escuelas públicas para promover la reconciliación a través del perdón. Este trabajo también lo llevó a zonas de conflicto, desde Irlanda del Norte y Ruanda hasta el Oriente Medio. Muy cerca de su casa, sirvió como capellán en el departamento de policía local.

Arnold nació en Gran Bretaña en 1940, hijo de refugiados alemanes. Pasó sus años de infancia en América del Sur, donde sus padres encontraron asilo durante la guerra y emigró al estado de Nueva York, EEUU, en 1955. Él y su esposa tienen ocho hijos y muchos nietos y bisnietos.

Setenta veces siete
Reconciliación en nuestra sociedad
Johann Christoph Arnold

Setenta veces siete es una colección de historias auténticas de hombres y mujeres como tú y yo, gente afectada por el racismo, la infidelidad matrimonial, la represión política, la brutalidad policial, el sufrimiento de la guerra, la muerte violenta de un ser querido. No se trata de una discusión abstracta o teórica. Al leer estos relatos, entramos en la vida de personas que han sufrido y han sabido perdonar (y de las que no han perdonado), de personas que descubrieron que el perdón tiene el poder de sanar aún las más profundas heridas (y de las que continúan en búsqueda de reconciliación).

149 páginas

Judson M. Procyk Arzobispo metropolitano de Pittsburgh
Ejemplos refrescantes, dramáticos y enternecedores que demuestran el poder del perdón.

Sexo, Dios, y matrimonio
Johann Christoph Arnold, Prólogo por la Madre Teresa

En este libro innovador, Arnold, un pastor por casi 40 años, habla del sufrimiento que surge de relaciones rotas y el abuso de las relaciones sexuales. Provee entendimientos nuevos de la Biblia, tratando los temas críticos de cómo el sexo es sagrado, la lucha contra la tentación, la de quedarse célibe o casarse. El *Sexo, Dios, y el matrimonio* ofrece un remedio a cualquiera que ha conocido el desánimo o ha sentido remordimientos de conciencia, y, la esperanza a cualquiera que esté dispuesto a tomar una visión nueva y audaz a un tema de interés e importancia universal.

180 páginas

Francis Cardinal Arinze prefecto, CDW, el Vaticano
Claro, incisivo, y motivador…este libro será una gran ayuda para vivir con la virtud de castidad, que es la voluntad de Dios para todos los hombres y las mujeres.

J.I.Packer Regent College
Una visión clara del ideal divino de lo que deben ser el matrimonio y la familia… Sencillo y breve, pero profundo, resulta ser uno de los mejores libros sobre el tema.

Alice von Hildebrand Hunter College, Universidad de Nueva York
…un mensaje muy urgente hoy día…Cada educador y cada adolescente deberían valerse de este libro.

Porqué importan los niños

Johann Christoph Arnold

Criar a un niño nunca ha sido más difícil. Si alguna vez dudas de tí mismo o te preguntas si vale la pena, lee este pequeño libro. Si te preocupas que tu familia no capea las tormentas de la vida o si tienes miedo de perder a tus hijos a la cultura dominante, léelo de nuevo. *Porqué importan los niños* ofrece sabiduría bíblica y consejos de sentido común sobre la manera de mantener una familia y criar a tus hijos con carácter. *173 páginas*

Timothy Cardinal Dolan, Arzobispo de Nueva York
Probado por el tiempo, completamente al día, y sólidamente anclado en la fe.

Sixto Porras, Director, Enfoque a la Familia Iberoamérica
Una exposición relevante para los tiempos peligrosos que estamos viviendo. Bien lo expresa Arnold: «La salud de la sociedad depende de la salud de sus familias». Cuando amamos la vida de un niño, estamos determinando el destino de una generación.

La violencia del amor

Una selección del pensamiento de Monseñor Romero

Óscar Romero

Monseñor Óscar Arnulfo Romero dio su vida "por la iglesia y por el pueblo de su querida patria", El Salvador; éstas son las palabras del Papa Juan Pablo II. Su muerte por la bala de un asesino, el 24 de marzo de 1980, culminó una vida dedicada al servicio de sus hermanos como sacerdote y obispo. Intrépido defensor de los pobres y desamparados, alcanzó renombre mundial durante sus tres años como arzobispo de San Salvador. Las universidades de Georgetown y Lovaina le confirieron títulos honoris causa, y miembros del parlamento de Gran Bretaña lo nombraron candidato para el Premio Nobel por la Paz. Al mismo tiempo se ganó la difamación y el odio de miembros de la oligarquía salvadoreña–manifestados en persistentes ataques en los medios de comunicación–que inevitablemente terminaron en su martirio.

Esta selección del pensamiento de Monseñor Romero se ha hecho para que otros se encuentren con la fuerza de su fe y el impacto de sus palabras.

230 páginas

Plough Publishing House • www.plough.com
Walden, Nueva York, USA • Robertsbridge, East Sussex, UK
Elsmore, NSW, Australia

www.ingramcontent.com/pod-product-compliance
Lightning Source LLC
Jackson TN
JSHW080157141224
75386JS00029B/884

* 9 7 8 0 8 7 4 8 6 9 0 7 1 *